Lluís Ortega
Juan Carlos Castro-Domínguez

W9-ACQ-526

Nuevas ecologías

Proyectos Arquitectónicos
Universidad de Alicante

Colección Denise Scott Brown

Universidad de Alicante
Campus de Sant Vicent del Raspeig
03080 Alicante
https//publicaciones.ua.es
Área de Proyectos Arquitectónicos
https://proyectosarquitectonicos.ua.es/

Colección **Denise Scott Brown**

Publica
Universidad de Alicante

Consejo editorial
Juan Carlos Castro-Domínguez
Miguel Mesa del Castillo Clavel
Enrique Nieto

Diseño de la colección
spread: David Lorente - Tomoko Sakamoto

c :
Nuevas ecologías

Coordinación editorial
Moisés Puente

Edición
Juan Carlos Castro-Domínguez
Lluís Ortega

Revisión de maquetación
Juan Carlos Castro-Domínguez
David Lorente

Póster-sobrecubierta
Diseño de spread a partir del proyecto de Eugenio
Torres Pastor, 2009-2010 (pág. 54)

Impresión
Quinta Impresión

ISBN: 978-84-9717-774-0
D.L.: A 69-2022

Lluís Ortega

Diacronías

La arquitectura es una disciplina lenta. Sin embargo, en cada momento de su historia, el discurso que se genera a su alrededor tiende a responder a la urgencia de lo inmediato con una mirada crítica al pasado reciente para proyectar una respuesta a lo que, en un momento dado, se entiende como un futuro emergente. Se naturaliza una sincronía en la que diferentes discursos se suceden de forma simultánea en aparente contradicción o compiten entre ellos para liderar el cambio que está por llegar. Esta simultaneidad de realidades queda reflejada en los proyectos académicos y de investigación mediante la forma de descripciones, teorías y, en el caso de proyectos, desarrollo de técnicas que reclaman contribuciones relevantes y la aportación de matices que orienten el pensamiento para convertirlo en un motor de transformación con una dirección particular.

El libro que tienen en sus manos recopila textos reflexivos y conversaciones resultantes de investigaciones realizadas en diversas instituciones a lo largo del tiempo, a la vez que documenta proyectos realizados en la Universidad de Alicante durante dos años. Las conversaciones que se presentan y los temas que estas abordan están contextualizados, pero dejan un poso atemporal que pretende contribuir a cuestiones que han estado, están y seguirán estando presentes en el debate disciplinar durante mucho tiempo. En este sentido, el hecho de que el libro se publique diez años después de que fuera editado contribuye a una descontextualización temporal que aporta una condición diacrónica a los contenidos, que estudian un mismo hecho en varios tiempos, y donde parecen solaparse cuatro capas temporales: en primer lugar, las conversaciones orbitan alrededor de unos trabajos desarrollados en dos instituciones a lo largo de cinco años; en segundo, todas las preguntas que se plantean tienen un fundamento histórico disciplinar que busca vínculos y raíces en proyectos y discursos pasados; una tercera capa consistiría en la especulación de futuro que tienen todas las contribuciones de los proyectos desarrollados; y, por último, la cuarta capa sería el tiempo del libro en sí mismo, pues, por razones circunstanciales vinculadas a las diversas crisis del país, la universidad ha pospuesto su publicación diez años después de que sus contenidos fueran producidos. Estas múltiples temporalidades afectan, sin duda, a los contenidos y a su lectura fuera de tiempo, y producen desplazamientos en la pertinencia de los contenidos y la forma en cómo se presentan. Todo ello deja un rastro que hace que, observado con atención, se convierta en el espejo de un momento determinado. Algunos reflejos muestran carencias que hoy serían inaceptables, como la falta de diversidad de género de las voces participantes o la excesiva autorreferencialidad que hace que algunos fragmentos parezcan endogámicos y crípticos para un lector ajeno a los nombres y a los trabajos referenciados. Sin embargo, otros reflejos afianzan unas intuiciones que ponen en valor la experimentación y el riesgo, tan necesarios en los proyectos académicos, en los que la construcción categórica debe ser siempre un motor de cambio que mira hacia fuera con el fin de reforzar y expandir las capacidades internas disciplinares.

José María Torres Nadal

¿Deben los arquitectos interesarse por el funcionamiento de la sociedad?

Lluís Ortega pertenece a ese tipo de arquitectos que creen que es necesario organizar esta pregunta, no dejarse seducir por ella. Walter Benjamin pensaba algo parecido sobre el pesimismo: era mejor organizarlo que sucumbir a él. Lo que voy a tratar de explicar para introducir esta publicación sobre los dos cursos que Lluís impartió en la Escuela de Arquitectura de Alicante, con la ayuda cómplice y fraterna de Juan Carlos Castro, es cómo un intelectual como él organiza las posibles respuestas a esta pregunta, cómo se ciñe a ella y cuál es el significado de esta clausura. Utilizo la acepción de *intelectual* tal como la entiende y practica la cultura francesa, la única que, por otro lado, se ha parado seriamente a pensar en este término: aquella que articula un discurso potente y excepcional entre la inteligencia, la pasión por la conversación y la reflexión.

Lluís es una persona muy catalana, que *va per feina* ("ir al grano" no es una traducción del todo acertada; aunque se le parece, es otra cosa). En la Escuela de Alicante, un lugar donde se han explorado una y otra vez —y de mil maneras distintas— situaciones experienciales muy abiertas, nos pareció que incorporar a Lluís en nuestro currículum docente significaría poder compartir con él las argumentaciones que sitúan la práctica profesional como algo que siempre está más acá de la disidencia.

¿Era solo un deseo de aumentar la diversidad de propuestas, de garantizar que con Lluís aumentábamos la cantidad y la complejidad de los sucesos docentes, lo que nos impulsó a incorporarlo como profesor en los cursos de 2009-2010 y 2010-2011? Lluís planteó en Alicante una cuestión esencial: recordar una y otra vez que hay una responsabilidad coligada con la construcción de una experiencia y que dicha experiencia estaría vinculada a conocer aquello y a aquellos que nos han precedido.

A partir de ahí, ¿cómo organizar lo que se explica en este libro, el contenido mismo de esa experiencia de responsabilidad? Imponiendo varias condiciones al espacio del curso. En primer lugar, hay que considerar que la experiencia no es única ni que tampoco es la primera vez que se produce. Esto es, que existen muchas experiencias, muchos posicionamientos que previamente han debilitado la referencia arquitectónica, que han transformado a fondo la superficie significante de dicha referencia y que, por tanto, ahora ya estaríamos en condiciones de recomponerla. Los datos culturales, sociológicos, políticos, etc., modifican la deriva del resultado, pero la travesía a ciegas ya la efectuaron otros; no es necesario volver a ella.

El trabajo que se consigue es ex-céntrico: evita tanto la condición de rareza como la de excentricidad, que proceden de haber tratado de incluir, o de haber incluido, una buena dosis de "sufrimiento", de dolencia, en la adquisición de saber. Para muchos, ese sufrimiento, esa dolencia, "es, al igual que la subjetividad, imposible de eliminar en cualquier actividad relativa al saber". Y si, por la razón que sea, se decide que en ese y en otros momentos no es pertinente esa inclusión: ¿qué queda?, ¿cómo atravesar el lenguaje de una materia tan cargada de significado como la arquitectura? Muy sencillo, dirían Lluís y Juan Carlos: atendiendo a sus propios materiales y procedimientos. A sus materiales para poder atravesar el lenguaje culturalmente consolidado, el que ya está ahí y que procede de la producción colectiva de la arquitectura misma, que se presenta a sí mismo como material culto y bueno, aunque corriente y moliente; es decir, que dice de antemano aquello que necesita decir. Sus procedimientos son la escucha, la simetría del intelectual conversador. El material escucha las rimas, los giros y los vocablos para evocar y construir escenarios interiores y anteriores al problema, un problema que, por otro lado, no hay que resolver, pues carece de solución, a menos que la idea "solución" no se entienda como estatus individual, sino como *pathos* evolutivo, como algo históricamente corporativo. ¿El sentido de lo diferente y lo singular en este contexto? El que procede de la convocatoria de otros sentidos en este escenario previo, un sistema que calibre el riesgo de lo inusual para que el resultado sea tangible y para que su éxito acabe viéndose, produciéndose, mostrándose e incluso construyéndose como por primera vez.

Este abandono del erotismo directo implica más construir una forma de tensión que generar una violencia, una tensión profesional basada en un sentido muy estricto de la justicia y de la ética. Se trata de una manera muy combativa, un tanto interior, de ejercer la condición política de la arquitectura y la condición de intelectual del arquitecto: se opera a partir de lo que se rechaza y de lo que se cambia con tal de que dicho cambio provoque o proceda de una tensión que cuestione exclusivamente lo que está dispuesta a dar y a recibir la sociedad/corporación arquitectónica. El interlocutor de este cambio es siempre más la casa que la calle, más las invenciones culturales que las anónimas y perecederas. Y la manera de atravesar ese dominio es el *anar per feina* del que hablaba al principio, ese desplegar un curso desde varias convicciones, desde la conversación con todo lo presente y con todos los presentes, desde una inteligencia generosa que trabaja casi más para una red de amigos y de conocimientos que para él mismo y desde una reflexión que, centrada en el hacer/reflexionar corporativo, está más pendiente del valor de las obras que de los modos de hacerlas.

La movilización de estas condiciones impide que su experiencia —que se mantiene en el interior de la condición ontológica de la disciplina, que siempre está *ahí* y que inevitablemente se refiere a la existencia de una autoridad superior, por lejana y diluida que esta se encuentre o desee— no solo no sea un ejercicio autoritario, sino que proponga la docencia como demostración de que existe un "detrás del escenario" que puede ser manipulado y en el que puede operarse.

Miguel Bermúdez Astillero, 2009-2010.

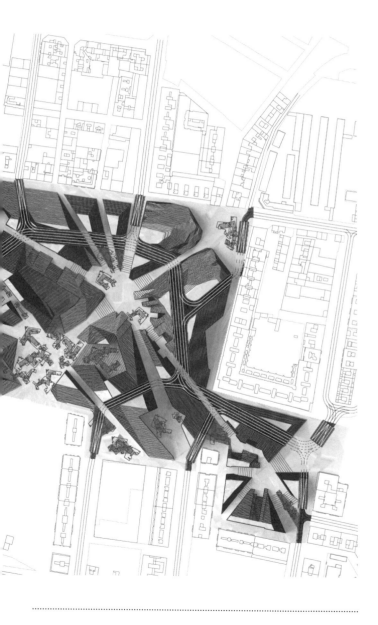

Lluís Ortega

Urbanismo paralaje

«Me gustaría comenzar con la idea de paralaje que he tomado de Kojin Karatani. La definición común de paralaje es la de "desplazamiento aparente de un objeto (el cambio de su posición respecto a un fondo), causado por un cambio en la posición de observación que proporciona una nueva línea de visión". El giro filosófico que debe añadirse es, por supuesto, que la diferencia observada no es simplemente "subjetiva", pues se ve el mismo objeto que existe "ahí fuera" desde dos posiciones, o puntos de vista, diferentes. Como Hegel hubiera dicho, se trata más de que sujeto y objeto reciben inherentemente una "mediación" de modo que un cambio "epistemológico" en el punto de vista del sujeto siempre refleja un cambio "ontológico" en el objeto mismo. Cuando uno se enfrenta a una distancia de paralaje tal debe renunciar a todos los intentos por reducir un aspecto en el otro (o, más aún, representar una especie de "síntesis dialéctica" de opuestos); al contrario, la tarea es imaginar todas las posiciones posibles como respuestas a cierto punto muerto o antagonismo subyacente, como muchos intentos por resolver este punto muerto».

Slavoj Žižek (2013)[1]

1   Fragmento de Žižek, Slavoj, *Architectural Parallax: Spandrels and Other Phenomena of Class Struggle*, www.lacan.com/essays/?page_id=218.

¿Cuál es la posible posición reflexiva y operativa en el mundo del urbanismo actualmente? ¿Cómo puede operarse políticamente en un contexto globalizado desde una disciplina que conlleva inevitablemente relaciones con las instituciones de poder y los capitales de inversión que regulan y garantizan aquellos contextos que deben ser cambiados por el proyecto de todo individuo no servil?

Urbanismo paralaje hace referencia al trabajo de Slavoj Žižek *Visión de paralaje*,[2] un libro en el que su autor no incluye ninguna mención explícita a la expresión *arquitectura paralaje*, aunque en otros foros sí que ha desarrollado más explícitamente la relación entre *paralaje y arquitectura*, así como el significado de esta expresión en, por ejemplo, su intervención en el congreso que llevaba este título.[3] No pretendo defender las reflexiones de Žižek como una fórmula redentora para los profesionales del urbanismo, pero creo que contiene elementos estimulantes para plantear un modelo que permita operar fuera del seguidismo tecnócrata, de la nostalgia moderna y del cinismo posmoderno.

La paralaje es un tipo de representación fundamentada en la superposición de información de una forma determinada. Desarrollada en el siglo XVIII, la paralaje fue una técnica de dibujo que permitía la simulación de movimiento a partir de dibujos que solapaban representaciones parciales del objeto. Žižek destaca la distorsión generada por el desplazamiento entre el observador y lo observado, y el papel de la mediación en esta reorganización de la realidad. No se trata de un fenómeno observado bajo dos perspectivas distintas, sino que en el observador y en lo observado se media de tal modo que desaparece la clásica

2   Žižek, Slavoj, *The Parallax View*, The MIT Press, Cambridge (Mass.), 2006 (versión castellana: *Visión de paralaje*, Fondo de Cultura Económica, Ciudad de México, 2006).

3   Congreso Parallax, 30 de abril/2 de mayo de 2009, Melbourne.

estructura dialéctica de opuestos y se impide la reducción de uno al otro. Es un modelo alternativo al basado en antagonismos. Lo que en suma interesa a Žižek es que, en sí mismos, los objetos son inconsistentes; unas veces aparecen de una forma y otras de otra distinta, pero no existe una verdad última. Los objetos son la materialización de esta inconsistencia.

Tres reflexiones de Žižek sobre arquitectura

En su estudio Žižek analiza diversos casos que explican su visión sobre la arquitectura, de los que me gustaría destacar tres: la arquitectura de centros culturales y artísticos de Daniel Libeskind, la arquitectura *pastiche* estalinista y la obra de Frank O. Gehry. Se trata de ejemplos que reflejan tres aproximaciones a la brecha que abre la visión de paralaje: una basada en la tensión entre lo público y lo privado, otra basada en la tensión de la crítica a una ideología, y una última provocada por la tensión de la convivencia de lo tradicional con lo contemporáneo.

En el caso de Libeskind, Žižek centra su crítica en la relación entre los programas aparentemente públicos y la tensión que genera su privatización encubierta (en concreto, fija su atención en sus centros artísticos y culturales). Para hacer los centros artísticos más populares, es un recurso común llenarlos de tiendas, cafeterías, librerías, etc., una estrategia a la que Žižek acusa de falsa apertura. La tensión entre dos mundos —el pretendido elitismo de los programas culturales (falso) y, como compensación, la popularización de los programas de consumo (falsa también)— conduce a una materialización con formas geométricas complejas.

El segundo ejemplo que utiliza Žižek es la arquitectura *pastiche* soviética, una arquitectura que es resultado de una paradoja. La sociedad comunista estalinista se presenta como igualitaria, justa, donde la clase trabajadora ocupa el poder, pero al contemplar el edificio aparece una imagen jerárquica opresiva medieval. La arquitectura se revela materialmente como crítica a la ideología del momento.

El tercer ejemplo es una obra de Frank O. Gehry, su casa en Santa Mónica (California, 1977-1978), donde la convivencia no resolutiva entre los dos mundos constituyentes de aquella época en Estados Unidos —por un lado, la casa tradicional que preserva ciertos valores y, por otro, la fachada tecnológica— no intenta resolver la dualidad, sino que la convierte en un mundo único en tensión.

Tal como explica Žižek, podría leerse algo similar en la película *Psicosis* (1960), de Alfred Hitchcock. Su protagonista, Norman Bates, vive dividido entre dos mundos sin encontrar su lugar: el moderno motel de carretera y la casa neogótica de su madre. La hipótesis de Žižek es que si Frank O. Gehry hubiese diseñado el motel de la película, fusionando los dos mundos, el asesinato no hubiera tenido lugar, puesto que la dicotomía que generaba la tensión irreconducible en Norman Bates se habría disuelto en una estructura híbrida única.

En los tres casos, la visión de paralaje se articula como un espacio intersticial tensionado (entre el programa y la geometría, entre la materia y la ideología, entre los envoltorios de los edificios y la historia). Este modelo basado en la idea de construir entre medias, con realidades superpuestas, me parece fructífero para repensar la ciudad y el espacio público, lo que denomino *urbanismo paralaje*.

Es necesario hacer un breve recorrido por la discusión actual sobre ciudades como introducción a una visión más detallada de este modelo alternativo.

De la muerte del urbanismo a su resurrección: el resurgir de la discusión sobre la ciudad

Las ciudades están de nuevo en el centro del debate público. Después de las propuestas modernas de principios del siglo XX se construyeron una serie de discursos que podrían denominarse *posturbanísticos*, en el sentido de que intentaban plantear alternativas a la disciplina clásica que entendía la ciudad como una entidad diseñable y "optimizable", como los modelos utópicos de la década de 1960, las megaestructuras, Aldo Rossi y su *Arquitectura de la ciudad* —libro que reivindicaba el papel de la historia y la memoria colectiva—, los manifiestos posmodernos de Rem Koolhaas o los paraísos sostenibles en medio del desierto.

De entre estos, Rem Koolhaas es la voz más potente que sacude los cimientos de la disciplina que estudia y reformula la ciudad. Tres textos despliegan su teoría.

En 1994, en su texto "What Ever Happened to Urbanism",[4] Koolhaas decreta la muerte del urbanismo moderno tradicional a través de un recorrido donde describe a los urbanistas como los grandes derrotados ante la realidad de la ciudad. En un momento en el que las ciudades crecen hasta unas cifras abrumadoras, la disciplina se muestra impotente, incapaz e ingenua ante la realidad de dicho crecimiento. El descalabro sufrido por los profesionales del urbanismo es difícil de digerir. Cualquier posible posturbanismo se basará no tanto en fantasías de omnipotencia y poder, sino en la incerteza; no en la

4   Koolhaas, Rem, "What Ever Happened to Urbanism", en Koolhaas, Rem y Mau, Bruce, *S, M, X, XL*, Monacelli Press, Nueva York, 1995, págs. 951-971.

definición de límites, sino en la constitución de híbridos. El urbanismo no se producirá sobre lo *nuevo*, sino sobre lo *modificado*. Un año más tarde, en 1995, publicó *La ciudad genérica*, un texto que despliega una batería de preguntas:

> ¿Son las ciudades contemporáneas como los aeropuertos contemporáneos, es decir, "todas iguales"? ¿Es posible teorizar esta convergencia? Y, si es así, ¿a qué configuración definitiva aspiran? La convergencia es posible solo a costa de despojarse de la identidad. Esto suele verse como una pérdida. Pero a la escala a la que se produce, *debe* significar algo. ¿Cuáles son las desventajas de la identidad; y, a la inversa, cuáles son las ventajas de la vacuidad? ¿Y si esta homogeneización accidental —y habitualmente deplorada— fuese un proceso intencional, un movimiento consciente de alejamiento de la diferencia y acercamiento a la similitud? ¿Y si estamos siendo testigos de un movimiento de liberación global: "¡abajo el carácter!"? ¿Qué queda si se quita la identidad? ¿Lo genérico?[5]

Por último, en 2002 publicó *Espacio basura:*

> «El "espacio basura" es lo que queda después de que la modernización haya seguido su curso o, más concretamente, lo que se coagula mientras la modernización está en marcha: su secuela. La modernización tenía un programa racional: compartir las bendiciones de la ciencia, para todo. El "espacio basura" es su apoteosis, o su derretimiento… Aunque cada una de las partes es fruto de brillantes inventos —lúcidamente planeados por la inteligencia y potenciados por el cómputo infinitos—, su suma augura el final de la Ilustración, su resurrección como una farsa, un purgatorio de poca calidad».[6]

Altamente influidos por el trabajo de Marc Augé *Los "no lugares": espacios del anonimato*,[7] estos tres textos de Koolhaas desarrollan una agenda de reconocimiento de la situación de las ciudades contemporáneas, una descripción de la ciudad y de la arquitectura que se

5   Koolhaas, Rem, "The Generic City", en Koolhaas, Rem y Mau, Bruce, *op. cit.* (versión castellana: *La ciudad genérica*, Editorial Gustavo Gili, Barcelona, 2006, pág. 6).

6   Koolhaas, Rem, "Junkspace", *October*, núm. 100 ("Obsolescence: A Special Issue"), Cambridge (Mass.), junio de 2002 (versión castellana: *Espacio basura*, Editorial Gustavo Gili, Barcelona, 2007, págs. 6 y 7).

7   Augé, Marc, *Non-Lieux*, Éditions de Seuil, París, 1992 (versión en castellano: *Los "no lugares": espacios del anonimato*, Gedisa, Barcelona, 1992).

corresponde con la antropología del sujeto anónimo de Augé, una llamada al despertar del letargo disciplinar, que, en su ensimismamiento utópico moderno, no ha reconocido las fuerzas con las que lidiaba y ha cavado su propia fosa. La llamada, sin embargo, no intenta recuperar la iniciativa en términos de control y dominio, sino que constituye una llamada al reconocimiento de los fenómenos de la urbe actual y de la recuperación de la autoconciencia. La paradoja es que este reconocimiento parece empujar irremediablemente hacia una situación de parálisis total, un fascinarse ante fenómenos "del mercado", "no diseñados", un devenir en comentarista de lo exótico y de lo lejano, tanto por geografía como por nivel de desarrollo. Algo que permita justificar la falta de recursos en clave de cinismo. Ante la impotencia, es preferible una retirada honrosa a la arquitectura que, en clave de cierta autonomía disciplinar, nos permite seguir fantaseando con papeles redentores. Este es el panorama *koolhaasiano*; hábil como ninguno, deja fuera la posibilidad de crítica. Teoriza todo, lo diseñado y lo no diseñado, y sus textos cierran la historia de la disciplina, el final del urbanismo. Si en 1989 Francis Fukuyama declaraba el final de la historia hegeliana y en 1997 Arthur Danto el final del arte, Koolhaas navega por en medio y declara el final del urbanismo.

Ante este panorama, ¿cómo se vislumbra la situación actualmente? ¿Se han confirmado los augurios de Koolhaas? Parece que todo lo contrario. Más que nunca, la ciudad es el centro de discusión política y el campo de batalla entre los diferentes modelos. El propio Koolhaas ha tenido que retractarse de su cerrazón al recibir el encargo del diseño de una nueva ciudad en Dubái.

¿Cómo alguien que ha declarado que la disciplina está muerta se enfrenta al reto de diseñar una ciudad nueva?

El proyecto, una isla ciudad de 1,3 km² en el frente marítimo de Dubái, ocupa unos terrenos ganados al mar. Waterfront City simulará la densidad de Manhattan y será el distrito financiero de una nueva ciudad de un millón y medio de habitantes. La isla albergará a 92.000 personas y otras 130.000 más trabajarán en ella. Con este proyecto Koolhaas intenta construir su versión de "ciudad genérica", una ciudad multicultural, multirracial y sin historia que surgirá de la nada y que planteará una alternativa a la tematización de las ciudades del modelo Bilbao (ciudad impulsada por la implantación del Museo Guggenheim), que recurriendo a arquitecturas singulares ocultan una homogeneización mucho más estructural. En este proyecto Koolhaas intenta combinar ambas facetas: lo genérico y lo singular. La isla estará dividida en 25 manzanas idénticas, con unas torres más o menos genéricas que se combinarán con edificios de gran escala, múltiples programas y formas singulares basados en modelos o tipos históricos.

La isla tiene una ligera conexión con el litoral, con lo que enfatiza su condición de ciudad o entidad autónoma respecto al mundo globalizado. El eje principal de la actuación pasa a ser la construcción de sus límites. Naturalmente, desde que se presentó el proyecto, han aparecido muchísimas críticas y dudas, entre las cuales la más evidente es la de la escala: ¿la ciudad es suficientemente grande como para ser autónoma y para tener condición urbana, o acabará convirtiéndose en una comunidad cerrada? Otras polémicas hacen referencia a su pretendida marca de sostenibilidad (en la isla no habrá coches y los espacios abiertos serán objeto de extensas plantaciones). Sin embargo, más allá de todas estas cuestiones técnicas, interesa resaltar que, en el primer encargo a esta escala recibido desde la formulación de la ciudad genérica, Koolhaas opta por una escenificación de una compleja urbe formada por múltiples realidades. Waterfront City es una ciudad singular con arquitecturas complejas de edificios multiuso de gran escala, una ciudad genérica por su repetición tipológica y dotada con torres importadas de ciudades del siglo XX que tiene la condición de un laboratorio moderno, por su condición de isla apartada donde poder estudiar los fenómenos urbanos de manera no "contaminada". Sin embargo, la ciudad también comparte esa visión romántica de diferentes tamaños y formalizaciones que posibilitan la experiencia de lo sublime urbano, la del eslogan sostenible, la del historicista conservador con sus constantes referencias a modelos históricos, todo ello combinado con la más clásica de las tradiciones compositivas. Sin duda, se trata de un intento desesperado en consonancia con su afirmación: aunque el urbanismo esté muerto, la ciudad es nuestra única esperanza.

Antes de volver al núcleo de reflexión sobre el reto lanzado por Žižek y a su enunciado de la paralaje, me gustaría destacar un segundo caso de ciudad de nueva planta: Masdar. Se trata de una ciudad proyectada para Abu Dabi por Foster + Partners y que ha contado con la colaboración de Matthias Schuller, socio principal del estudio Transsolar, la empresa responsable de todo el proyecto de desarrollo sostenible.

La ciudad de nueva planta Masdar —reaparece la pregunta sobre si es una ciudad o un campus— tiene los límites definidos y rígidos, tal como ocurría con el proyecto de Koolhaas para Dubái. Una ciudad sin coches, con un sistema alternativo de transporte y un código urbano totalmente prescriptivo en cuanto a modos de uso que tiene como objetivo científico la reducción a cero de las emisiones de carbono en su factura energética final. Con una previsión de 40.000 habitantes y 50.000 visitantes, Masdar pretende servir de modelo a las futuras ciudades. Los mayores expertos mundiales están desarrollando prototipos de transporte y soluciones tecnológicas vinculadas a la producción y consumo de energía, que se irán implementando en futuras ciudades.

En sus detalles urbanísticos llama la atención la "tematización" histórica del tejido utilizado, el reclamo a la sabiduría tradicional y la importancia del "código de conducta", un código que todo habitante de la ciudad debe aceptar y cumplir y que dicta hasta las más estrechas restricciones de comportamiento para garantizar la eficiencia energética de la ciudad. La ciudad comparte las condiciones de multiculturalidad, de anulación de la historia (que se intenta compensar con la tematización tipológica), de urbe multirracial y de nueva planta de la ciudad genérica de Koolhaas, pero mientras esta última celebraba la capacidad del mercado para construir complejidad urbana, en Masdar se restituyen la fantasía del control y el progreso de la narrativa moderna. No hay lugar para la indeterminación, para la improvisación. Es cuestión de vida o muerte, se argumenta.

Urbanismo paralaje o la tensión del dentro-fuera

En los casos examinados hasta ahora nos encontramos con dos visiones antagónicas. Por un lado, la fantasía que ilustra el proyecto de Masdar de lanzarse a los brazos del mercado globalizado y pretender ser operativo y eficiente en una especie de neopositivismo y, por otro, el cinismo teórico de Koolhaas, que, a la hora de abordar un proyecto de ciudad, acaba en un historicismo moderno o en una escenografía de la ciudad genérica que depende de la perspectiva desde donde se mire.

Ante estos dos extremos, el paralaje de Žižek nos plantea una vía que me parece más prometedora. Ya no se trata del "dentro" (neopositivista) o del "fuera" (cínico posmoderno), sino del "dentro-fuera" o de la "brecha paralaje". En el proyecto de la casa de Santa Mónica de Frank O. Gehry, la casa tradicional y la fachada tecnológica se solapan para construir un espacio intersticial que se convierte en el espacio de oportunidades para la tensión contemporánea. Pero, más allá de las metáforas, ¿podemos transferir estos modelos al modo de operar político o a la reflexión sobre el sujeto político?

Jugar "dentro del sistema" ha demostrado ser no solo difícil, sino un alimento para que el propio sistema se vuelva cada vez más omnipresente y *omniabarcante*. Cada intento de reforma ha sido cancelado o absorbido de tal forma que sus efectos son muchas veces contraproducentes. Por el contrario, las vías del "fuera-sistema" tienen, una y otra vez, un componente extremadamente individual que hace que resulten poco operativas o cortoplacistas. Hay, sin embargo, una manera de politizarse que hace del "salir" un motor de movilización que parece potencialmente mucho más potente que los dos extremos "dentro" y "fuera". La condición performativa —que solo puede darse en la acción de salir y no en el estar fuera ni dentro— implica un movimiento en espiral que continuamente entra y sale del sistema para ganar impulso de dirección. Esta noción de dirección es absolutamente imprescindible, pues aleja este "salir continuo" de otros modelos, como la noción de "surfear" posmoderna. El movimiento intermedio es una situación tensionada que inevitablemente politiza al sujeto obligándole a la acción política para no quedarse en ninguno de los dos polos estabilizadores-paralizantes ("dentro-sistema" o "fuera-sistema"). Pero, más que esta "obligación política" que comporta estar siempre incrementando la autoconciencia de su posición intersticial, parece especialmente interesante la dimensión colectiva que implica el estar dentro-fuera, la brecha paralaje. Las relaciones individuales (salida del sistema) y colectivas (que casi de forma inevitable siempre se articulan como sistema) no son antagónicas, sino que se tensionan y se retroalimentan constantemente. Este conflicto construye la relación directa con el espacio público como espacio de articulación de dichas tensiones: el espacio público es el espacio natural de paralaje, tensionado; mientras que el espacio del sistema cada vez más a menudo se vehicula a través de espacios privados o colectivos —grandes centros comerciales, complejos de cultura y arte, etc.— y los espacios fuera-sistema son espacios ocupados —que, en muchos casos, no dejan de ser una forma de articular un sistema alternativo que deja fuera a quienes no juegan con sus nuevas normas—, el espacio público es aquel que no deja que los polos se apropien de él. De ahí la necesidad de su defensa, pues el constante apropiarse de él que hacen los extremos no son más que ataques a la condición tensionada de la autonomía y la emancipación.

....

....

....

....

....

....

....

....

....

....

....

....

....

....

....

....

....

Antonio Cantón Blázquez, 2009-2010.

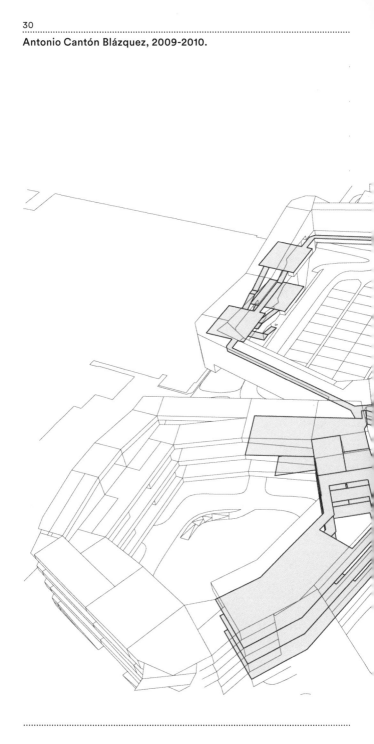

Juan Carlos Castro-Domínguez

11S: David y Goliat en la ciudad porosa

«Oh! Shit!».
9/11. Documental. 2002

"¡Oh, mierda!", exclamó el realizador Jules Naudet cuando grabó el impacto de un avión de pasajeros contra las Torres Gemelas mientras se encontraba rodando un documental sobre la vida de los bomberos de Nueva York.[1] Naudet registró un ataque sin previo aviso a un país inexpugnable y que pocas veces había sido agredido; sin embargo, aquel ataque también lo fue al sistema materialista, etéreo y ateo del capitalismo: el sistema de los mercados, del consumo y del hedonismo. El 11 de septiembre de 2001 (11S), a las 8:45 de la mañana, un Boeing 767 de la compañía American Airlines que cubría el vuelo entre Boston y Los Ángeles se estrelló contra la torre norte del World Trade Center (WTC). A las 9:03, un segundo Boeing 767 se empotró contra la torre sur del complejo de la famosa zona financiera de Manhattan ante la mirada atónita del mundo entero, que estaba contemplando la humeante torre norte a través de las principales cadenas de televisión estadounidenses. El impacto fue seguido por millones de telespectadores en tiempo real, y aquellas imágenes parecían sacadas de una película de acción de Hollywood. Tras el segundo impacto, la duda acerca de si el primero había sido o no un accidente quedó totalmente despejada. La secuencia de los aviones penetrando en las Torres Gemelas del WTC, como si sus fachadas fueran blandas o líquidas, se quedó grabada para siempre en la memoria de gran parte de los habitantes del planeta.

El supuesto accidente resultó ser un ataque conjunto con aviones civiles al WTC (en Nueva York), al Pentágono (sede del Departamento de Defensa de Estados Unidos, en Arlington) y a la Casa Blanca (residencia presidencial y principal centro de trabajo del presidente de Estados

---

1   Documental *9/11*. Dirección: James Hanlon, Rob Klug, Gédéon Naudet y Jules Naudet, 2002.

Unidos, en Washington). La agresión a los edificios que representan el poder financiero, militar y político de la primera potencia mundial se convirtió así en el primer gran atentado del siglo XXI. Un nuevo terrorismo, basado en la sorpresa y la imprevisibilidad, que utiliza los sistemas de transporte públicos y convierte a los países y las ciudades del primer mundo en un blanco posible para acciones demoledoras capaces de sembrar el terror y la inseguridad entre la población.

Tras los ataques del 11S, los países occidentales tomaron conciencia de la debilidad de sus ciudades y su urbanismo frente a posibles ataques no reglados. Todo ello implicó que el espacio público contemporáneo experimentara una radical transformación hacia un estadio cada vez más controlado y orwelliano.

Así pues, el primer acto histórico que marcó el inicio del siglo XXI no fue ningún descubrimiento ni el desarrollo de un producto tecnológico que cambiara el rumbo del progreso, sino una acción violenta dirigida contra uno de los iconos de una de las ciudades más emblemáticas del planeta, un ataque a un edificio y a una ciudad simultáneamente.

¿Por qué es la destrucción la que marca el inicio del siglo XXI? ¿Por qué se atacó a un edificio y no a humanos, como sucedía en el siglo XIX, o al aire, como en el siglo XX?[2] ¿Es la arquitectura productiva y prospectiva, o un agente en extinción dentro de la teoría urbana? ¿Construye la arquitectura urbanismo? ¿Construye el urbanismo ciudad, o, por el contrario, la arquitectura y el urbanismo son entes al margen de la ciudad, la sociedad y el espacio público?

---

2   Véase: Sloterdijk, Peter, *Luftbeben: an den quellen des Terrors*, Suhrkamp Verlag, Fráncfort, 2002 (versión castellana: *Temblores del aire: en las fuentes del terror*, Pre-Textos, Valencia, 2003). A partir de la evolución de las técnicas de guerra en el siglo XX, el autor concluye que se dejó de atacar a seres humanos para pasar a destruir el aire que respiraba el enemigo.

Arquitectura: construcción y hundimiento

> «Ha sido destruido uno de los edificios más prestigiosos de Nueva York, y con ello se ha golpeado a una cierta arquitectura, así como a todo un sistema de valores occidentales y a un orden del mundo [...]. La violencia de lo mundial pasa también por la arquitectura y, por tanto, la oposición violenta a esta mundialización también pasa por la destrucción de esa arquitectura».[3]

> «Ya no era una calle, sino un mundo, un tiempo y un espacio de ceniza cayendo y casi de noche».[4]

Con sus 417 m de altura y sus 110 plantas, las Torres Gemelas arrebataron el título de rascacielos más alto del mundo al Empire State; aunque solo ostentaron este récord durante tres años, hasta el momento de su destrucción seguían siendo las torres más altas de Manhattan. Pero las torres no solo eran singulares por su altura y ubicación. Ambas construcciones se basaban en un sistema compuesto por un núcleo central —que albergaba los ascensores, escaleras, instalaciones y servicios— y 60 pilares en cada una de las fachadas que constituía la estructura principal de las torres. La singularidad de las fachadas no era solo tecnológica, sino que les confería un aspecto de monolito perfecto, opaco y pesado que las diferenciaba radicalmente en la competición por lo liviano y la reflexión de los infinitos muros cortina de los rascacielos de la isla.

Las torres se proyectaron para convertir en distrito financiero una zona del sur de Manhattan e impulsar todavía más la globalizadora economía estadounidense. De este modo, las Torres Gemelas se convirtieron en la imagen

3   Morin, Edgar y Baudrillard, Jean, *La violence du monde,* Éditions du Félin/ Institut du Monde Arabe, París, 2003 (versión castellana: *La violencia del mundo,* Paidós, Barcelona, 2004, pág. 13).

4   DeLillo, Don, *Falling man,* Scribner, Nueva York, 2007 (versión castellana: *El hombre del salto,* Seix Barral, Barcelona, 2009, pág. 9).

del poder del dinero y la tecnología y, con el paso de los años, no solo cumplieron su objetivo, sino que además fueron uno de los símbolos representativos de la ciudad. Junto al Empire State, el edificio Chrysler, el Rockefeller Center o el Flat Iron, las Torres Gemelas eran una de las visitas obligadas para cualquier turista. También pasaron a formar parte del imaginario colectivo al ser las torres que destacaban y definían la famosa silueta urbana en cualquiera de las postales típicas del sur de la isla, especialmente las tomadas desde el puente de Brooklyn o llegando en barco, con la estatua de la Libertad en primer término.

En la condición de réplica que tenían una de la otra, las torres parecían más el reflejo de un sistema que no el de una decisión de proyecto. Por sus fachadas indiferenciadas, su sistema podría haberse repetido por toda la ciudad; este mismo sistema incluso fue respetado por el atentado, pues recibió el impacto de ambos aviones con una diferencia de escasos minutos. La forma de paralelepípedo perfecto hacía que las torres fueran fácilmente reconocibles y las alejaba de su conexión con el programa de actividades que albergaba (nadie se refería al WTC como un edificio de oficinas) para pasar a convertirse en un objeto perfectamente identificable; su simetría y su cualidad de objeto les confería su valor de icono urbano. A su vez, la simetría del atentado y el doble hundimiento singularizaron y convirtieron el ataque en un evento único e irrepetible.

«El hundimiento de las torres es el acontecimiento simbólico capital. Imaginen que no se hubieran hundido o que solo lo hubiera hecho una: el efecto no habría sido en modo alguno el mismo. La prueba patente de la fragilidad del poder mundial no habría sido la misma. Las torres, que eran el emblema de ese poder, lo siguen encarnando en su dramático final, que se asemeja a un suicidio. Viéndolas caer por sí mismas, como por implosión, se tenía la impresión de que se estaban suicidando en respuesta a los suicidios de los aviones suicidas».[5]

La retransmisión en directo del hundimiento de las torres (dentro de un intervalo de un cuarto de hora la una y la otra) se convirtió en un acontecimiento único en la historia de la arquitectura contemporánea. Que como resultado del atentado coordinado se produjera este hundimiento dio cuenta de una efectividad y una innovación sin precedentes que ponían de manifiesto la debilidad de las grandes urbes de Occidente.

Tal como explica Baudrillard, las torres eran a la vez objeto arquitectónico y simbólico "del poder financiero y del liberalismo mundial".[6] La efectividad del atentado se demostró justamente en la destrucción de ambos símbolos: la evidente destrucción del objeto arquitectónico, retransmitida en directo a todo el planeta, y la del objeto simbólico, que viene dada por la propia debilidad del sistema ante una acción de resistencia llevada a cabo con escasos medios humanos y económicos. Es decir, el aumento de poder del sistema capitalista estadounidense, la ocupación sistemática de territorios y países árabes y la constante humillación que suponen dichos conflictos armados (como es el caso palestino) se vieron desmembrados por el ataque y la destrucción de uno de sus iconos, situado a pocos metros de Wall Street y de la Bolsa de Nueva York, corazón neurálgico del sistema financiero mundial.

El principal objetivo del ataque terrorista coordinado y simultáneo contra tres edificios en tres estados diferentes no solo era sembrar el caos, el desorden y el miedo, sino

5   Morin, Edgar y Baudrillard, Jean, *op. cit.*, pág. 18.
6   *Ibid.*

demostrar la vulnerabilidad de Estados Unidos como máximo exponente de un sistema económico y político. Para ello, la acción se planeó con una gran carga simbólica: atacar los edificios que alojaban los tres organismos básicos de la primera potencia mundial. La arquitectura, sus edificios se convirtieron, pues, en dispositivos de representación política en los que tanto el contenido de la actividad que albergaban como su propia resolución formal —el WTC como pilar del poder financiero, el Pentágono como edificio defensivo "ensimismado" e inescrutable y la Casa Blanca como gran palacio— reafirmaron la condición simbólica propia de la arquitectura civil de la Edad Media y la Edad Moderna.

9/11: David y Goliat

La respuesta inmediata de la Administración Bush a los ataques del 11S fue invadir Afganistán con el fin de capturar y eliminar al máximo responsable de los ataques: el *muyahidín* y líder de la organización terrorista Al Qaeda Osama Bin Laden. Dicha invasión desató un conflicto armado que supuso la caída de los talibanes, un régimen geopolíticamente molesto. Estas operaciones militares pusieron en boca de la gran mayoría de los medios de comunicación la expresión *guerra asimétrica*, un concepto militar conocido técnicamente como *guerra de cuarta generación* que se utiliza en todas aquellas actuaciones en que el enfrentamiento armado se produce entre dos oponentes muy desiguales (un potente ejército contra un grupo terrorista, una guerrilla o un grupo revolucionario).

Debido a la manifiesta desigualdad entre las partes, los protocolos de enfrentamiento no son aquellos a los que suele enfrentarse un Estado o un servicio de inteligencia, pues se manejan ideas previas a la tecnología con carácter transnacional, como pueden ser una ideología o una religión. Las imprevisibles acciones del oponente no convencional tienen dos objetivos principales: obtener un efecto desproporcionado y minar la voluntad del más fuerte. Se trata de un conflicto armado que, por la falta de recursos de uno de los bandos, puede tener resultados desastrosos para un ejército organizado y supuestamente superior, como ocurrió en la guerra de Vietnam o en muchos de los actuales conflictos ocasionados por la revuelta de minorías, como el palestino-israelí, el kurdo, el checheno, etc.

Junto a todo ello, se produjo de inmediato un pánico social generalizado a convertirse en objetivo terrorista, que dio paso a campañas de concienciación en los transportes públicos de ciudades como Nueva York —con lemas como "If you see something, say something" ("Si ves algo, di algo")— o Londres —con su "If you suspect it, report it" ("Si sospechas, informa de ello")— que promovían la denuncia de cualquier acto u objeto sospechoso con prácticas que recuerdan más a las de un Estado totalitario, o a un organismo como la Stasi de la República Democrática Alemana, que a las de un Estado democrático. Esta constante inculcación del miedo al "otro" y la denuncia de cualquier persona u objeto extraño condujeron a un adoctrinamiento social y un control del espacio público que alcanzaron unos niveles más próximos a los de cualquier distopía literaria del siglo XX que a un país democrático occidental.

Urbanismo poroso

Las políticas urbanas que surgieron a raíz del 11S, de los atentados del 11 de marzo de 2004 (11M) en Madrid y del 7 de julio de 2005 (7J) en Londres tuvieron como principal argumento la implementación de medidas de seguridad en el espacio público y sus infraestructuras, aunque los debates y reacciones fueron diferentes en el eje Estados Unidos-Reino Unido y en Europa. El primer debate que se abrió en Estados Unidos tras los ataques del 11S fue sobre la necesidad de acelerar la construcción de áreas urbanas de baja densidad frente a la de ciudades densas con rascacielos. El Reino Unido apostó por la seguridad en el transporte y el espacio público. Además de los debates y medidas particulares, los dos actores principales de la "guerra mundial contra el terror" convirtieron el terrorismo en una amenaza existencial para la permanencia de los ideales de democracia, libertad y civilización.[7]

Europa, en cambio, apostó por una política de mayor seguridad en su espacio público y trasladó la amenaza existencial del terrorismo a la sociedad en su conjunto. Esta reacción a los ataques del 11M en Madrid y del 7J en Londres se articuló a través de la Estrategia de Seguridad Interior de la Unión Europea, una comunicación de la Comisión Europea que pretendía unificar las medidas de seguridad y prevención en toda la Unión Europea. Estas medidas tenían cinco objetivos, de los cuales dos eran la prevención del terrorismo y los ciberataques. Entre las medidas para prevenir el terrorismo se encontraba el incremento de medidas de seguridad en los sistemas de transporte y en las infraestructuras críticas.

Estas reacciones, medidas, acuerdos y comisiones son la escenificación de la "debilidad" o "porosidad" urbana que las ciudades de Occidente mostraron ante los ataques de células terroristas vinculadas al integrismo islámico.

---

7   Graham, Stephen, "Architectures of Fear: Terrorism and the Future of Urbanism in the West", en AA VV, *Architectures of Fear*, CCCB, Barcelona, 2008, pág. 8.

Según Stephen Graham, los ataques son la demostración de una de las complejas dinámicas urbanas del urbanismo transnacional,[8] aquellas que se producen por la emergencia de colectivos o comunidades de inmigrantes, refugiados, activistas, etc., desplazados de sus lugares de origen, pero que trasladan su cultura y estructuras a su nueva localización.[9]

En definitiva, el urbanismo contemporáneo de los modelos urbanos más avanzados de los países de Occidente es permeable a las redes transnacionales, más potentes y adaptables que cualquier otro tipo de red financiera (mercado libre), política o cultural. Se trata de un "urbanismo poroso" que es consecuencia de la aplicación de los principios básicos de libertad de acción y movimiento que los Estados democráticos deberían asegurar y perpetuar. Justamente, la porosidad del urbanismo contemporáneo hacia cualquier tipo de red transnacional —organización, acción, acontecimiento o diferentes actos de manifestación colectiva— se ve amenazada por la presión que ejerce una parte importante de la sociedad que reclama más vigilancia y control como herramientas o protocolos que aumenten la seguridad de la ciudad y su espacio público.

La versión opuesta al urbanismo poroso de la ciudad contemporánea serían las comunidades cerradas estadounidenses, pequeños núcleos suburbanos, normalmente periurbanos y de baja densidad, con acceso y circulación restringidos y controlados que ofrecen a cambio promesas de comunidad, lazos sociales y homogeneidad social. Suelen ser urbanizaciones valladas, separadas y protegidas del exterior, y vigiladas por empresas de seguridad privadas tanto en su interior como en los accesos.

---

8   Véase: Smith, Michael Peter, *Transnational Urbanism: Locating Globalization*, Blackwell, Oxford, 2001.

9   Graham, Stephen, *op. cit.*

Zonas verdes y cordones de acero[10]

Además de las cualidades propias de los coches bomba, de su capacidad para no llamar la atención, de la dificultad para ser detectados y de su constante evolución e innovación, una de las características más efectivas recientemente descubiertas por los terroristas es su capacidad de destrucción masiva. No solo de causar numerosas víctimas, sino de destruir bienes materiales, con los consiguientes daños colaterales económicos, como ocurrió con la crisis que supusieron los ataques del 11S para las compañías aéreas comerciales.

Este hecho se puso de manifiesto con el atentado que perpetró el IRA en 1993 en plena City de Londres, al colocar un camión bomba en Bishopsgate Road que causó la muerte de un viandante e hirió a treinta más; sin embargo, los daños materiales en edificios de oficinas, espacio público y en la estación de Liverpool Street ascendieron a unos dos mil millones de libras esterlinas. El atentado, perpetrado por una facción de élite del IRA cuyos objetivos no eran políticos o militares, fue un ataque al mundo financiero británico (en concreto a las compañías aseguradoras) con el fin de desestabilizar uno de los pilares de la economía del país.[11]

Como consecuencia de estos atentados, se impuso la exigencia de que los sectores financieros y bancarios "aseguraran" la City mediante "anillos de acero";[12] es decir, que restringieran el acceso a automóviles y a peatones, crearan puertas de control y colocaran barreras de hormigón y vallas metálicas en los edificios y lugares susceptibles de ser atacados.

El resultado de las exigencias y presiones por parte de las aseguradoras londinenses fue establecer en la City una red

---

10 Véase: Coaffee, Jon, "Rings of Steel, Rings of Concrete and Rings of Confidence", *International Journal of Urban and Regional Research*, vol. 28, núm. 1, 2004, págs. 201-211.

11 Véase: Davis, Mike, *Buda's Wagon: A Brief History of the Car Bomb*, Verso, Londres, 2007 (versión castellana: *El coche de Buda: breve historia del coche bomba*, El Viejo Topo, Mataró, 2009, págs. 133-136).

12 "Anillo de Acero" fue el nombre que recibió la estrategia urbana desarrollada

tecnológicamente muy avanzada de restricción y cordones de tráfico, así como el circuito cerrado de televisión (CCTV) más importante del mundo, que incluye un sistema de reconocimiento de matrículas de vehículos (ANPR, por sus siglas en inglés) y un sistema de reconocimiento facial. Así, el centro neurálgico y financiero de Londres la convierten en la ciudad con el sistema de defensa más avanzado del mundo, pero que al mismo tiempo atenta contra los principios básicos de libertad de movimiento que debería ofrecer el espacio público de cualquier urbe libre y democrática. La suma de todas estas medidas vinculadas a sistemas tecnológicos sofisticados es lo que ha conseguido segregar espacialmente la City mediante ese "anillo digital".

Después de los ataques del 11S, estas medidas se extremaron en las zonas y edificios que eran objetivos potenciales de los terroristas. Así, se consolidó un "anillo de hormigón" alrededor de los edificios más significativos de la ciudad —la Embajada estadounidense, Downing Street o el Parlamento— con barreras de hormigón colocadas estratégicamente para fortificar y defender dichos edificios de posibles ataques con coches bomba. Todo ello, junto al CCTV y el sistema de ANPR puesto en marcha en 2003 bajo el pretexto de reducir el tráfico y la contaminación en el centro de Londres, ha creado un "anillo de seguridad" en el que se monitoriza a coches y conductores, y prácticamente a cualquier viandante de la zona.

El riesgo terrorista, las exigencias sociales y especialmente financieras de asegurar determinadas zonas urbanas están empezando a condicionar el urbanismo y el crecimiento de las ciudades contemporáneas. La vigilancia y la infraestructura que conllevan empiezan a ser un elemento

alrededor del centro comercial de Belfast durante la década de 1970 como consecuencia de la intensa campaña de atentados perpetrados por el IRA en esa ciudad. El anillo consistía en acordonar la zona con bloques de hormigón, alambradas de espino y accesos controlados mediante puertas de control. En la década de 1970, "arquitectura de fortificación" y "espacio defendible" fueron términos utilizados habitualmente por los cuerpos de seguridad para controlar territorialmente zonas determinadas de la Irlanda ocupada.

habitual en los procesos de diseño que plantea restricciones y normas que distan bastante de los principios básicos del urbanismo social, basado en la suma de intereses políticos, económicos y sociales con la participación de todos los colectivos implicados e interesados.

Las "arquitecturas de fortificación", los "espacios defendibles", los "anillos de seguridad, de acero, hormigón, etc.", dan lugar a una "arquitectura del terror" que implementa complejos sistemas de vigilancia altamente tecnificados y cuyos objetivos no son solo la vigilancia y el control del espacio público, sino el control del espacio en el sentido más amplio de la expresión. Este control espacial (de personas, vehículos, aviones, infraestructuras críticas, objetivos "blandos", ciberataques, etc.) provoca el riesgo de tomar la urbe cosmopolita como la suma de unos sistemas de vigilancia y unos anillos de seguridad que fragmentan el espacio urbano y lo segregan en zonas o "anillos de exclusión". Las estrategias urbanas de control parecen basarse en el principio de "divide y vencerás", frente a principios básicos del urbanismo de conectividad y continuidad entre tejidos; se trata, en definitiva, de estrategias que marcan y definen una nueva teoría urbana basada en la vigilancia, el control y la seguridad.

And the winner is...

Tras los atentados del 11S, la zona ocupada por el desaparecido WTC, rebautizada como Zona Cero, fue objeto de polémica. Se abrió un debate público sobre qué hacer en el solar convertido en un cementerio temporal. Poner de acuerdo a los familiares de las víctimas con el principal inversor, la Autoridad Portuaria de Nueva York y Nueva

Jersey y el Ayuntamiento de Nueva York parecía una misión imposible. Los debates giraban en torno a cuestiones arquitectónicas (volver o no a construir rascacielos) y simbólicas (la construcción de un gran monumento conmemorativo en honor a las casi tres mil víctimas del atentado).

Tan solo dos semanas después de los atentados y con el cráter de la Zona Cero todavía humeante, Max Protect, un conocido galerista neoyorquino, invitó a cuarenta arquitectos de reconocido prestigio internacional a que reflexionaran con sus propuestas sobre el solar que habían dejado las Torres Gemelas en el sur de Manhattan. Fue la primera consulta realizada a arquitectos que incluyó en el debate a los técnicos responsables de la futura intervención.

Poco tiempo después de los atentados y de las propuestas surgidas a partir del proyecto de Max Protect, los organismos burocráticos responsables del solar encargaron un estudio de la zona a diversos estudios de arquitectura y, sobre todo, de urbanismo. Todo ello finalizó en julio de 2002 con la presentación pública de seis propuestas, que despertaron las protestas de la ciudadanía y de los medios de comunicación por su banalidad y por la falta de participación ciudadana en un tema que todo habitante de Manhattan había asumido como propio.[13] Como consecuencia de las protestas, la Lower Manhattan Developer Corporation (LMDC) lanzó una convocatoria abierta de currículums en la que un equipo de expertos eligió a seis equipos de un total de 406 solicitudes, a los que se añadió un séptimo invitado de la fallida primera vuelta, para que desarrollaran sus propuestas para la zona. Los proyectos de este segundo concurso fueron expuestos

---

13 Kipnis, Jeff, "Réquiems y rascacielos", *Arquitectura Viva*, núm. 87, Madrid, 2002, pág. 86.

públicamente, pero, en contra de la mayoría de la opinión pública, ninguna renunciaba a la posibilidad de construir rascacielos, más o menos simbólicos o alegóricos de las desaparecidas torres del WTC, ni tampoco a la oportunidad de construir de nuevo el edificio más alto de Manhattan y con ello uno de los más altos del mundo.

El 27 de febrero de 2003 se anunció que el ganador del concurso para la construcción de las torres y del monumento conmemorativo había sido el estudio de Daniel Libeskind. A finales de ese mismo año, el 19 de diciembre, la LMDC, Daniel Libeskind y David Childs presentaron el proyecto de la Torre de la Libertad, inspirado en la estatua de la Libertad, con una altura de 1.776 pies (541 m), cifra que hacía referencia al año de la independencia de Estados Unidos y con la cual constituiría la torre más alta del mundo. El proyecto de la torre estaba firmado por David Childs, mientras que Daniel Libeskind fue presentado como director del plan maestro, lo que hizo patentes las desavenencias entre este último y el promotor del WTC. El 15 de diciembre de ese mismo año, el LMDC anunció que el encargo del 2WTC iba a parar a Norman Foster, otro de los seis equipos seleccionados para el concurso de 2002 que no fue premiado en aquella ocasión. Finalmente, el 7 de septiembre de 2006 se desveló el nombre de los arquitectos agraciados con el encargo de los proyectos restantes: el 3WTC fue para Richard Rogers, y el 4WTC, para Fumihiko Maki. Con esto quedaban todos los proyectos de rascacielos asignados a grandes estudios de arquitectura con experiencia en rascacielos y superestructuras. Por último, la estación intermodal situada entre las torres fue encargada a Santiago Calatrava.

Como resultado final, quien fuera ganador del concurso de la reconstrucción del WTC no recibió ningún encargo. Además, las variaciones y evoluciones propias del desarrollo de un proyecto tan complejo acabaron borrando todas las improntas con las que el estudio Libeskind había ganado el concurso de 2002, y solo quedó la simbólica cifra de coronación del rebautizado como 1WTC, los 1.776 pies de altura.

Este proceso pone de manifiesto varias cosas. Por un lado, la dificultad para poner de acuerdo los intereses políticos con los mercantiles y civiles; por otro, y a pesar de la presión ciudadana y política por introducir procesos abiertos y transparentes, cómo los concursos o la participación ciudadana se ven finalmente relegados por los intereses económicos, algo así como "quien paga manda". Otra de las evidencias del proceso es que la relación entre promotor (quien realiza el encargo) y arquitecto (quien lo resuelve) en las grandes operaciones urbanas, aquellas que definen las ciudades y su futuro, no se mueve en el ámbito de lo público, sino entre operaciones y estrategias opacas y que escapan al entendimiento y conocimiento del público.

Desurbanismo

«La bunkerización de la ciudad es un buen término para describir rápida y simplemente hacia dónde conduce la política pública. El "espacio público" se *hace* menos público».[14]

El proceso de reconstrucción de la Zona Cero hizo emerger bruscamente una serie de controversias latentes en el urbanismo de las grandes metrópolis del siglo XXI, así como

14 Marcuse, Peter, "Después del World Trade Center: desconcentración y desurbanismo", *Quaderns d'Arquitectura i Urbanisme*, núm. 232, Barcelona, 2002, pág. 31.

en los procesos que definen y determinan el futuro de las grandes urbes. ¿Qué hacer con la Zona Cero? ¿Reconstruir el sector financiero, construir un monumento conmemorativo, reconfigurar la ciudad? Las preguntas eran claras, pero el reto que debían asumir los políticos, los empresarios y la ciudadanía eran más complejos. Estas reflexiones, que las grandes urbes van asumiendo con mayor o menor éxito en períodos largos y con políticas urbanas que van variando con la sucesión de cargos, eran instantáneas y urgentes en los meses posteriores a los atentados, ya que la ciudad se encontró de la noche a la mañana con un solar vacío de casi cinco hectáreas que tenía el potencial de redefinir totalmente el sector sur de la Gran Manzana.

Las políticas urbanas impuestas por el alcalde Rudolph Giuliani antes del 11S ya apuntaban a procesos de bunkerización de Manhattan: restricción de la libertad de movimientos para los indigentes, prohibición de concentraciones en determinados puntos calientes —como la plaza situada frente al ayuntamiento o Wall Street—, así como las restricciones impuestas a concentraciones y celebraciones en las calles por motivos de seguridad. Todas estas políticas —junto a la polémica US Patriot Act 2001, ley promovida por George W. Bush que permitía el seguimiento, monitorización y detención de extranjeros y sospechosos de terrorismo durante un tiempo indeterminado bajo la justificación de la seguridad nacional— han permitido esa bunkerización urbana, tan deseada por unos y tan criticada por otros, que reduce considerablemente las libertades civiles convencionales, en especial las de comunidades religiosas o de inmigrantes que están en el punto de mira, como el caso de la musulmana.[15]

---

15 *Ibid*., pág. 32.

Los agentes implicados en determinar el futuro de la Zona Cero fueron principalmente los afectados: la Autoridad Portuaria, la promotora arrendataria de los solares, familiares de las víctimas y el propio Ayuntamiento de Nueva York. Sin que hubiera lugar a duda, desde un principio el objetivo fue la reconstrucción y la recuperación del sector financiero en la zona afectada. Los participantes en la toma de decisiones eran agentes estrictamente locales que integraban un sector limitado con intereses principalmente económicos, por lo que en ningún momento se planteó la discusión acerca de intereses regionales o globales.

Este proceso estrictamente local, hermético y blindado, ejecutado por los agentes con mayores intereses en la zona, es lo que el urbanista Peter Marcuse denominó *desurbanismo*, que no es más que la figura opuesta a lo que se entiende como urbanismo en el mundo contemporáneo. Mediante el desurbanismo, el urbanismo deja de ser un proceso abierto y democrático en el que la comunidad urbana participa en su conjunto en la toma de decisiones; el desurbanismo va en contra de todos los procesos y de todas aquellas políticas que han luchado por que el urbanismo evolucione hacia procesos participativos y foros de opinión transparentes, así como la elaboración de metodologías capaces de testar las propuestas planteadas de manera que tanto los éxitos como los errores formen parte de esa evolución y ese aprendizaje.

La apuesta por el pragmatismo reconstructor cuyo único fin era la recuperación económica y satisfacer a las partes implicadas dinamitó la posibilidad de un proceso democrático que pudiera llegar a mejorar las condiciones de otras capas o agentes de la ciudad. Además, también hizo desaparecer cualquier posibilidad de debate sobre el pasado histórico de la zona antes de que ocurrieran los atentados, la recuperación de los centros de actividad desplazados por la construcción del WTC, la discusión acerca de la continuidad de la trama urbana y del paso de vías rápidas y toda una serie de debates urbanos que ya existían o que se estaban llevando a cabo antes del hundimiento de las torres.[16] La aparición de un solar de esa magnitud en un espacio urbano muy consolidado, como la trama de Manhattan, no dio pie ni tiempo a la definición o aplicación de ninguna teoría urbana.

El caso de estudio del proceso llevado a cabo para la reconstrucción de la Zona Cero en el sur de Manhattan pone de manifiesto cómo los procesos económicos mercantilistas y políticos no atienden a teorías urbanas o a mecanismos de consulta a posibles expertos en la planificación urbana. Más bien al contrario, demuestra cómo sobre la ciudad y su crecimiento se discute y se decide en función de intereses que poco o nada tienen que ver con la teoría urbana.

A modo de conclusión

A lo largo del texto se han desgranado algunos temas importantes para entender los elementos y agentes que definen el devenir urbano hacia un estadio de inseguridad urbana que, en determinados foros, justifica la militarización y control del espacio urbano como elemento de defensa y protección de las grandes urbes.

La concepción simbólica del 11S como ataque a un sistema financiero mundial cobró especial relevancia por la elección del objetivo y por cómo se ejecutó dicho ataque. Por un lado, se escogió el edificio más alto e icónico de

---

16 *Ibid.*, pág. 36.

Manhattan; por otro, fue un ataque simétrico: doble torre, doble ataque, doble hundimiento.

Se trata de un urbanismo permeable y poroso que puede interpretarse como "débil" tras detectar infraestructuras críticas y objetivos blandos, frente a una concepción más plural que entiende dicha permeabilidad como generadora de la riqueza y la complejidad urbana propia de las ciudades de Occidente. Un urbanismo participativo, coral y democrático, frente al pragmatismo reconstructor y fortificador basado en el valor del suelo y en su defensa mediante asignaciones de cotizaciones de compraventa.

Una de las características de las ciudades contemporáneas es su capacidad de asimilar dinámicas urbanas que instauren un urbanismo transnacional capaz de aportar nuevas capas de información y nuevas culturas a la urbe, generando así situaciones mestizas de conocimiento transdisciplinar. Esta cualidad de aceptación de estructuras en principio ajenas o exóticas no distingue entre actividades abiertas o ricas en intercambio cultural y actividades ilícitas o integristas. Es decir, lo que a priori es una fuente de conocimiento e intercambio enriquecedor también puede convertirse en una de las debilidades del urbanismo contemporáneo. La integración de comunidades con una cultura, tradición, lenguaje y religión propios también sirve de camuflaje para introducir células radicales integristas (o lo que deberíamos denominar estructuras de terrorismo transnacional) capaces de poner en jaque los sistemas de seguridad y vigilancia de los países desarrollados de Occidente.

Por otro lado, las estrategias de defensa urbanas basadas en la generación de anillos y cordones de seguridad tienen como resultado la zonificación y especialización de las áreas que delimitan. Esta zonificación del suelo urbano implica no solo la segregación espacial, con la consiguiente generación de puntos negros o áreas urbanas no conectadas entre sí o aisladas, sino también la segregación social, pues se limita a los ciudadanos, en determinadas horas o con ciertos perfiles, la libertad de movimiento que les permitiría atravesar o acudir a ese sector. En resumen, la ciudad asegurada mediante vigilancia y control implica zonificación y exclusión.

Eugenio Torres Pastor, 2009-2010.

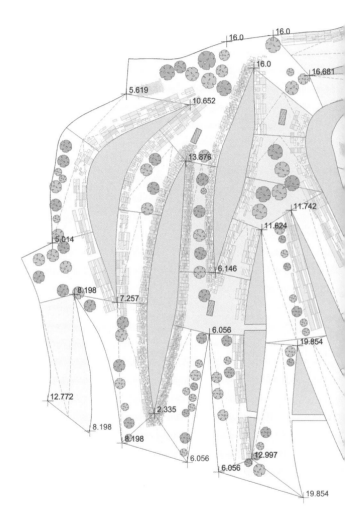

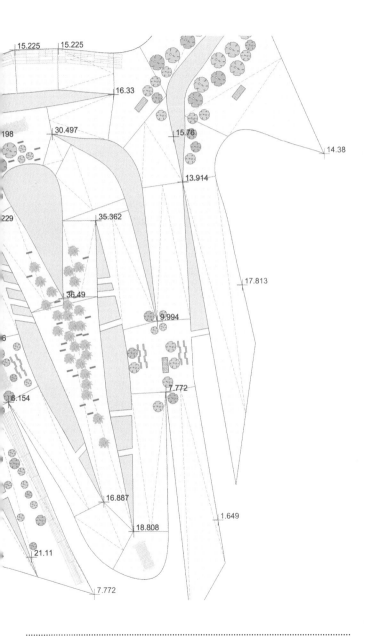

Conversaciones

Este libro recopila una serie de conversaciones y reflexiones surgidas a partir del trabajo realizado en la Escuela de Arquitectura de Alicante durante los cursos 2009-2010 y 2010-2011, que a su vez partían de una investigación llevada a cabo en el curso académico 2008-2009 en la Graduate School of Design (GSD) de la Harvard University y que se habían planteado como una serie de tres años de trabajo académico con nuevos modelos urbanos que integraban metodologías de diseño digital con cuestiones ecológicas. La serie fue preparada para abarcar escenarios muy distintos, pero mantenían una metodología similar. Se pretendía aumentar al máximo la especificidad de la ecología local al tiempo que se desarrollaron estrategias más disciplinares. Para dar continuidad a la discusión ecológica, se definieron unas variables que se repetían año tras año y otras que se cambiaban radicalmente.

El primer curso de la serie se llevó a cabo con alumnos de último año de carrera, y durante dicho curso se estudió una zona de Brooklyn, en Nueva York. El segundo curso académico, ya en Alicante, se realizó con alumnos de tercer curso en un solar de Valencia. En ambos casos, la zona de estudio era común: un terreno donde antiguas infraestructuras en desuso habían creado un vacío importante en la ciudad, unas zonas baldías rodeadas de ciudad, una tabula rasa con un perímetro diferenciado. Las diferencias climáticas, culturales y socioeconómicas proveían a los dos casos una especificidad propia. Por último, en el tercer año de la serie se trabajó en Barcelona. Se mantuvo el clima (mediterráneo) y una situación cultural y económica relativamente similar con respecto al último año en Valencia, pero cambió radicalmente el tipo de contexto físico de trabajo, ya que en este tercer curso se decidió experimentar sobre el tejido existente del Ensanche barcelonés. Así pues, de los dos primeros trabajos de nueva planta (Nueva York y Valencia) se pasó a un trabajo de reciclaje de tejido urbano en el Ensanche barcelonés. A nivel metodológico, se introdujeron en el curso unos sistemas circulares de desarrollo del proyecto, unas metodologías cibernéticas que permitían incrementar la sistematicidad de las propuestas y su capacidad de interactuar con los sistemas preexistentes. No solo se hizo uso de la cibernética como posible patrón que rompiera la lógica lineal teleológica, sino que también esta se convirtió en un aparato conceptual desde el que poder renovar el lenguaje utilizado para hablar de la ciudad. También se experimentó con estructuras digitales paramétricas que permitiesen actualizar de manera dinámica los diversos diagramas de acuerdo con distintas economías de evaluación.

Ahora bien, este libro compilación no es una descripción de los trabajos realizados durante los cursos, sino una conversación a múltiples voces sobre temas que hemos ido descubriendo y compartiendo por el camino con expertos y colegas. Al tratar con lo desconocido, las auténticas investigaciones producen un material no previsto y accidental que en numerosas ocasiones se desvanece cuando se acaban los cursos. No queríamos que esto sucediese en este caso, y parte de todo ello se recoge en estas páginas.

Durante todo este recorrido se produjeron numerosas conversaciones de gran intensidad con colegas y amigos. A todos ellos queremos agradecerles la generosidad de sus contribuciones. También deseamos agradecer de manera expresa la confianza de Mohsen Mostafavi, de Prescot Scott Cohen, de la Harvard University y, sobre todo, de José María Torres Nadal, sin cuyo apoyo y dirección estos proyectos no hubiesen sido posibles. Tampoco podemos dejar de mencionar a los principales contribuyentes a este libro: en primer lugar, a los alumnos, los verdaderos protagonistas de los proyectos sobre los que se discute, y en segundo, a todos los entrevistados. Por último, debemos resaltar el trabajo de Moisés Puente: sin su paciencia y sabiduría, no tendríamos este libro entre manos.

....

....

....

....

....

....

....

....

....

....

....

....

....

Carlos Cubero Valera, 2009-2010.

Conversación con
Iñaki Ábalos

Iñaki Ábalos Vázquez es doctor arquitecto. Es codirector del estudio de arquitectura Abalos+Sentkiewicz AS+. Ha sido "Buell Book Fellow" y "Visiting Professor" en Columbia University (Nueva York, 1995), "Diploma Unit Master" en la Architectural Association (Londres, 1998-2000), "Professeur Invite" en la EPF (Lausana, 1998), "Jean Labatute Professor" en Princeton University (Nueva Jersey, 2004-2007) "Visiting Professor" en Cornell University (Ithaca, 2007-2008) y catedrático y miembro del Consejo de Dirección en el BIArch (Barcelona, 2010-2012). Ha sido "Kenzo Tange Professor" (2009), Visiting Critic de Arquitectura y Diseño Urbano (2010-2012) y Chair del departamento de Arquitectura (2012-2016) en GSD Harvard University. Es catedrático de proyectos Arquitectónicos de la ETSA Madrid desde 2002.

[LLUÍS ORTEGA] Me gustaría abrir esta conversación discutiendo sobre el impacto que está teniendo la sostenibilidad en el mundo de la arquitectura. Creo que una vía de trabajo productiva sería aquella que entiende lo sostenible como algo que vaya más allá de lo tecnológico. Esto obligaría a los arquitectos a reformular muchos temas, desde la escala de trabajo hasta las metodologías. Desde el punto de vista profesional, la sostenibilidad tiende a unas articulaciones muy específicas, a menudo demasiado vinculadas exclusivamente a la eficiencia energética. Sin embargo, creo que el ámbito académico permite abrir las cuestiones a registros más disciplinares. Por poner un ejemplo, en tu último trabajo en el curso en la GSD de la Harvard University desarrollas investigaciones acerca de la idea de *verticalscape* con unos componentes tradicionales dentro de la discusión arquitectónica —como paisaje, urbanismo vertical, etc.—, pero al mismo tiempo introduces un componente, "la belleza termodinámica",[1] que me parece muy interesante. En mi trabajo como profesor en la Harvard University, Mohsen Mostafavi, decano de la GSD, me planteó introducir la pregunta sobre la sostenibilidad en el *core studio*, un área fundamental del plan de estudios de la escuela, de una manera proyectiva, no restrictiva. La manera de hacerlo fue abrir la cuestión al estudio de modelos alternativos de ciudad, en el sentido de que se encuadrara en tradiciones

1   Véase el artículo de Iñaki Ábalos "La belleza termodinámica", *2G. Revista Internacional de Arquitectura*, núm. 56 (Ábalos+Sentkiewicz), Barcelona, 2010, págs. 126-138.

de otras investigaciones sobre modelos urbanos, pero no planteada desde puntos de vista ideales o utópicos, sino problemáticos. Si deben pensarse nuevos modelos de ciudad, o fragmentos de ciudad, la pregunta sería cómo introducir metodologías o estrategias de proyectos que sean relevantes para reaccionar ante la cuestión de la sostenibilidad. Una de las primeras decisiones que tomé fue hablar directamente de ecología en lugar de sostenibilidad, queriendo así evitar el término más "moralista", un término que, en cierta manera, está más cerrado, y plantear más el curso en términos de sistemas, e introducir toda la lógica de la cibernética, los modelos complejos, etc. A partir de tu propio trabajo, y después de haber asistido a una corrección de proyectos de mi *core studio*, ¿cuál es tu intuición respecto a lo que está por venir en ese ámbito de discusión?

[IÑAKI ÁBALOS] El reto de la arquitectura, si es que esta sobrevive, es la gran escala, la megaproducción de espacios urbanos que tengan ciertas cualidades. Resulta imposible escapar a este problema global desde la academia. Podemos seguir pensando en elaborar pequeños temas más o menos singulares, pero el problema que el mundo plantea a la arquitectura es cómo poder hacer una ciudad consistente y atractiva de un millón de habitantes en seis meses; y es un tema para el que aún no estamos preparados ninguno.

Me parece fundamental tener clara esta cuestión, y, sin embargo, casi ningún ámbito académico la tiene. Por otra parte, para mí la forma de afrontar este problema de la gran escala a nivel académico es, paradójicamente, reduciendo justamente la escala; es decir, resolver unos problemas mínimos que contengan todos los grados de complejidad, pero a una escala mínima, para evitar todos los escapismos que produce la gran escala. A lo largo de la historia del urbanismo se ha ido produciendo una pérdida de escala, de sentido, sobre el 1:1 que seguramente sea una de las razones por las que el urbanismo ha sido tan criticado. Se trata de analizar los grados de complejidad alcanzables y perfeccionar los instrumentos para alcanzarla.

De acuerdo, pero objetualizar más la estrategia general para poder introducir las complejidades de las relaciones de las partes más locales en la lógica general implica una metodología nueva, pues de otro modo se corre el peligro de caer en el sentido contrario de intentar proyectar con lógicas o problemáticas a una escala inadecuada.

El problema es que es necesario aprender una nueva gramática, sobre todo si lo que hacemos es intentar dar a la sostenibilidad una dimensión que no sea puramente la de un ingeniero o un físico. Creo que hay una necesidad perentoria de aprender a hablar de otra forma en arquitectura. Lo fundamental es introducir nuevas gramáticas, nuevas sintaxis para hacer que la idea de lo termodinámico esté incorporada desde la primera decisión acerca de la organización de los espacios.

Por ello me interesa la pequeña escala, pero no como simplificación, sino como complejización de todos los problemas juntos. Encaminarse hacia la construcción de esa gramática es un tema clave; una gramática que constaría de dos fases: la primera consiste simplemente en qué vocablos se utilizan —por ejemplo, cuáles son los espacios tipo y cuál su forma de agregación—, y una segunda, que creo más interesante para dar respuesta a los problemas que has mencionado, es inventar instrumentos que combinen las distintas funciones de la ciudad, de la escala del barrio o de la del megaedificio, de manera que ya en sí misma se aproxime a un equilibrio entre la energía consumida y la demandada. Primeramente es necesario tener esa gramática y, más tarde, disponer de los instrumentos de trabajo para que, mientras proyectamos, seamos capaces de hablar en tiempo real de temas como la iluminación, el deslumbramiento o la radiación. En el momento en que contemos con un instrumento que sirva de guía, de lazarillo, estoy convencido de que podremos dar pasos significativos.

Cuando propones desarrollar una gramática, un nuevo léxico, una nueva manera de hablar y, por tanto, una nueva manera de pensar sobre ciertos temas, acotar la escala tiene un límite; es decir, creo que se requiere un mínimo de escala, un cierto tipo de escala urbana para poder ser operativo. Me refiero a este tema porque creo que el interés actual por revitalizar el tema de las megaestructuras tiene que ver con este problema.

En toda la historia del verticalismo se asume que la ciudad contemporánea es densa, compacta y compleja. La organización vertical de usos es el factor que convierte a la ciudad contemporánea simplemente en algo distinto a la histórica. Lo que aún falta en la tradición del verticalismo es aprender a organizar una lógica vertical, en lugar de una horizontal, más allá del ascensor y de la estructura. Por ello intento trabajar con proyectos de un tamaño no excesivamente grande como para que se produzcan excesivas generalidades, pero que lleven implícita cierta complejidad.

Si hiciéramos un escáner de los grados de complejidad que han ido en aumento en la ciudad, creo que la organización estratificada sería ejemplar. La ciudad tiene un subsuelo activo como nunca lo ha tenido, unas plantas bajas que se multiplican hacia arriba y hacia abajo: el suelo se ha convertido en un "milhojas". A ello se le añade toda esa otra necesidad de una enorme densidad hacia arriba y una enorme compacidad para alojar los incrementos demográficos de Asia, América Latina, África, etc. En mis cursos me interesa esa "pastilla" única comprimida como experimento.

El papel del curso como experimento...

Si el experimento que supone un curso es un éxito a la primera, entonces el experimento es dudoso. Recuerdo que en las correcciones de proyectos de uno de tus *core studios* en la GSD acabé diciendo que el curso había sido un magnífico fracaso; hubo gente que se rio de aquello, cuando en realidad estaba echando un piropo. Aquel curso tenía todos los temas pertinentes y hacía falta desarrollar los instrumentos, desarrollar a los alumnos mismos. Todos desearíamos que los alumnos llegaran a nuestros *core studios* con recursos más amplios. Mediante "generación intensiva", como lo denominas tú, repitiendo varias veces el experimento, un alumno de segundo año llega al curso sabiendo apenas a qué se va a dedicar; en el tercer año no solo sabe a qué se va a dedicar, sino cómo debe dedicarse a ello. Al profesor le ocurre exactamente lo mismo.

Hay cursos que se centran mucho en la técnica, como, por ejemplo, los que plantea Ciro Najle en la GSD, unos *core studios* muy bien pensados en lo que se refiere a la creatividad aescalar, al margen de la escala. Del método de aproximación de Najle me interesa cómo utiliza ciertas tecnologías de diseño para huir de lo escalar, aunque también es cierto que pueden acabar en puro formalismo si no es capaz de ligarlo a factores económicos o culturales, de introducir contradicciones internas en su método. Los cursos que yo planteo en la GSD son apropiados para arquitectos que van a seguir dedicándose a la escala arquitectónica, pero con una cabeza capaz de pensar no solo en el artefacto, sino en la ciudad futura.

> **Podríamos decir que en tus cursos confías en lo transdisciplinar, pues te gusta verte acompañado de expertos que pueden influir en la manera de pensar y sirven para conceptualizar los temas.**

Estoy convencido de que el conocimiento acerca de la sostenibilidad, que está en manos de los expertos a través del auge del *software* paramétrico que está comenzando a desarrollarse, pasará a estar en la Red, al menos para definir adecuadamente anteproyectos y proyectos básicos, aunque quizá no tanto para la ejecución real. En los procesos de creación podremos incorporar ciertos datos que ahora pertenecen a un lenguaje de difícil acceso. Seguimos necesitando a los expertos, pero cuando los llamamos intentamos conseguir que nos abran la puerta a un mundo que parece que se nos escapa. Como sucede con las estructuras, mediante tabulaciones o *software* muy sencillos es posible introducir desde el principio en el proyecto todos esos procesos de los expertos. Precisamente por ello, creo que la escala arquitectónica es muy adecuada, porque equilibra lo tectónico y lo termodinámico. Creo que esta es la particularidad más importante que estamos intentando introducir en nuestro *core studio*.

Volviendo al tema de la sostenibilidad, podríamos identificar dos posturas distintas. En una conversación que mantuviste con Stan Allen, le planteaste la pregunta sobre la diferencia que existe entre la voluntad de ser global a la hora de discutir sobre sostenibilidad y convocar a todos los expertos en la conversación —una estrategia que ha planteado Mohsen Mostafavi en la GSD y que ha quedado reflejada en su libro *Urbanismo ecológico*—[2] y la reivindicación disciplinar en que requiere la reformulación disciplinar del pensamiento que reivindica Stan Allen en su trabajo en la Escuela de Arquitectura de la Princeton University, recogido en el libro *Landform Building*.[3] ¿En cuál de ellas te sitúas?

El discurso de Mostafavi es inclusivista y reduce la arquitectura a una de sus muchas partes. Su libro es más

2   Mostafavi, Mohsen y Doherty, Gareth (eds.), *Ecological Urbanism*, Lars Müller/GSD Harvard University, Baden/Cambridge (Mass.), 2010 (versión castellana: *Urbanismo ecológico*, Editorial Gustavo Gili, Barcelona, 2014).

3   Allen, Stan y McQuade, Marc (eds.), *Landform Building*, Lars Müller/Princeton University School of Architecture, Baden/Princeton, 2011.

político: el campo está abierto; carece de jerarquía y el porcentaje de la presencia de arquitectos en el estudio es pequeño. En el fondo, quizá Mostafavi sigua pensando de forma posmoderna: que el arquitecto hace iconos. Me encuentro más próximo al discurso de Stan Allen, quien alimenta la confianza en que la disciplina es capaz de cambiar la agenda y asumir un papel relativamente protagonista —y no un papel protagonista heroico, como defendían los arquitectos del movimiento moderno— a base de dejarse "infectar", pero manteniendo su autoridad moral. De hecho, todavía no he visto ejemplos creíbles a gran, mediana o pequeña escala que no estén tutorizados por arquitectos creíbles. Creo que el papel cultural, simbólico, perceptivo y fenomenológico de la forma sigue manteniendo una posición central en la construcción de la ciudad y del entorno del hombre. En el otro extremo, es evidente que el discurso autocomplaciente que confía en la total autonomía de la disciplina, discurso del que procede toda mi generación, ha producido resultados realmente patéticos; está por ver si la disolución en un *totum revolutum* que plantea Mostafavi es capaz de producir espacios memorables. En medio de todo eso, en esa especie de gradiente, hay una palabra clave: *forma*. Para "ecualizar" todos esos datos y llegar a tener un equilibrio me parece necesario centrarse en aquello que llamo la *belleza termodinámica*, que tiene mucho que ver con *forma*.

Tu enunciado sobre la belleza termodinámica me parece clave porque huye de ese discurso de la necesidad, que es uno de los temas clave que en estos momentos se han lanzado en las escuelas de arquitectura; creo que la sostenibilidad no puede plantearse en términos de necesidad.

Todo aquello que viene disfrazado de objetividad acaba siendo burocrático. La ciudad nunca se ha construido así; por poner un ejemplo, Roma no se hizo así. Creo que existe una demanda escasamente atendida de defensa de la arquitectura, de su núcleo duro, y existe también una segunda demanda abstracta, por parte de los medios de comunicación, de la academia y de cómo se divulga la arquitectura, en la que parece que los datos pueden objetivarse, que es bueno objetivarlos, pero ello puede conducir a un funcionalismo infinitivamente más perverso que, por ejemplo, el funcionalismo burocrático de la arquitectura de la posguerra europea.

Cambiando un poco el enfoque del tema, en la construcción actual de un entorno académico de investigación existe una gran diferencia entre aquellos trabajos claramente internos, casi herméticos y difícilmente comunicables, que intentan construir robustez o "musculatura" en los estudiantes, como es el caso de los cursos de Ciro Najle, y otros, como el tuyo, con una clara voluntad de comunicabilidad respecto al discurso cultural que va más allá de la dinámica interna del curso. Creo que tu posición es muy hábil; tiene una gran carga metodológica, pero hace referencia inmediata a la aceptación de las agendas que van más allá de tu propio curso. En este sentido, ¿por dónde crees que se desarrollará la academia en un futuro próximo?

La generación de arquitectos de transición, la de Stan Allen y la mía, tiene que ver con una cultura que proviene de una filosofía extremadamente analítica que se implantó en la academia estadounidense y que empezó a considerar el pragmatismo como una fuente de conexión entre las prácticas técnicas y la realidad social o política. Ahí se encuentra la clave para diferenciar una y otra posición. Pero aquello que me interesa es justamente el punto donde se encuentran ambas realidades: por un lado, una puramente técnica, instrumental o metodológica, dedicada a los procesos internos de la disciplina que se ven afectados por cambios tecnológicos y culturales, y otra puramente exterior, que se refiere a su aplicación en el mundo. Se trata precisamente de un "camino de dos direcciones" —como William James definía el pragmatismo—, un camino de ida y vuelta entre el conocimiento técnico y la aplicación práctica; es decir, se trata de preguntarse desde la técnica para qué sirven las ideas.

Creo que se trata realmente de un cambio cualitativo, aunque no sé cuánto va a durar, pues tampoco tengo una confianza ilimitada en el pragmatismo. A mí me sirve, pero, cuanto más me interesa el pragmatismo, menos interés veo en el mundo por un pensamiento pragmatista y mucho más por la inmediatez pragmática, algo que en principio no tiene mucho que ver con el pragmatismo. Es decir, también sospecho que, por desgracia, el pragmatismo es una idealización de la academia.

Simplificando mucho las cosas, me imagino que estas corrientes de las que hablas tendrán un futuro pop, infinitamente simple. Triunfará quien tenga la virtud de la simplicidad en aquello que propone y en el discurso en que se apoya; triunfará algo absolutamente ligero. De hecho, ya lo hace. Penetrar con un discurso algo consistente es realmente difícil, mientras que hacerlo con un discurso liviano construido hábilmente es mucho más exitoso. Hay una tendencia general a querer apartar los problemas, a confiar en quienes dicen las cosas de una forma seductora y sin segundas ni terceras vueltas. Desde los inicios de mi carrera de arquitecto hasta hoy he sido testigo del crecimiento continuo del éxito de lo ligero (y no digo banal, que sería ya peyorativo). Incluso podría decirse que es el caso de Rem Koolhaas, arquitecto "periodista" en el buen y mal sentido, con un registro levísimo en una primera lectura, que es la que sus hijos y nietos han seguido más fielmente hasta banalizar su contribución paso a paso.

Una última cuestión. En la experiencia docente que arranqué en la GSD y que más tarde desarrollé en la Escuela de Arquitectura de Alicante, se hizo patente la diferencia que existe en la aplicación de un mismo problema, una misma metodología, así como diferentes contextos de desarrollo de la investigación, en la academia estadounidense y en una escuela pública española. La idea de que todo está globalizado no es tan cierta: es cierto que los estudiantes y los docentes proceden de todas las partes del mundo, pero también existen unas estructuras culturales y tradiciones específicas en Estados Unidos y en Europa que tienen un enorme impacto, brutal, sobre una misma pregunta. Por tu amplia experiencia en ambos continentes, ¿cuál es tu impresión respecto a tu experiencia a la hora de plantear preguntas y metodologías similares en ambos lados del Atlántico?

Yo creo que se trata más de ajustar las expectativas que cada uno tiene respecto de las respuestas. Me decía precisamente Najle que pensaba que su curso no era lo suficientemente dogmático como para convertirse en una propuesta, en una investigación; yo creo que se equivocaba en sus expectativas. Mis expectativas son otras: simplemente ser capaz de introducir nuevas cosas sin que se abandonen las propias tradiciones.

En un curso reciente que llevé a cabo con mi socia Renata Sentkiewicz, una de las cosas que más me gustó fue ver cómo las propuestas finales de los estudiantes conservaban algo de las primeras maquetas, cómo los alumnos habían sido capaces de manejarse con diferentes temas y llegar a un lugar común sin haberles obligado a renunciar a ciertos conocimientos o ciertas necesidades internas que tenían desde el principio. Sé que todo esto reduce el nivel de comunicabilidad de lo que el *core studio* tiene de propositivo, pues hace que este parezca más circunstancial; aun así, esta cuestión me parece fundamental. Es algo que he aprendido a partir de encontrarme ante la dicotomía de la formación de los estudiantes que proceden o bien de la tradición de la escuela politécnica o de la tradición *beaux arts*.

En España todos procedemos de un modelo evolucionado y deformado de la escuela politécnica, y en Estados Unidos proceden de un modelo *beaux arts* francés. Creo que la clave es tomarse este hecho como un dato de partida e intentar acercar los unos a los otros, pero sin que ninguno de ellos renuncie a lo que ya sabía.

Si tengo que hacer un pronóstico de cara al futuro, a veinte años vista, creo que prevalecerá la tradición *beaux arts*, aunque en el presente todavía prevalece la politécnica, una tradición que en estos momentos depende de la evolución del modelo de divulgación del conocimiento científico o técnico. Creo que en un futuro se va a disolver la tradición politécnica (de hecho, ya se está disolviendo), porque el conocimiento no solo puede estar en la Red, sino diluido en otros muchos medios, mientras que anteriormente era algo específico y central, un conocimiento de élite. Para afrontar el futuro creo que es necesario disponer de una inventiva que contenga la lógica técnica, pero que no responda necesariamente a ella.

Esta respuesta da para una conversación de fondo, porque creo que tiene que ver con la especificidad disciplinar. En el momento en que, en cierta manera, se reducen las expectativas técnicas, se abre el campo para entender la disciplina de una manera mucho más laxa, pues en el fondo se está formando a gente con una lógica determinada, pero desvinculada de una técnica específica. Con ello no estoy haciendo una lectura negativa de esta evolución, sino que me refiero a que, si nos fijamos en las vías que está tomando la tradición estadounidense, quien sale titulado de una escuela de arquitectura no se dedica necesariamente a la arquitectura, sino que los alumnos acaban con una formación de expertos en diseño.

Esa especie de disolución del conocimiento puede hacerse en un sentido positivo; puede encontrarse un equilibrio que convierta al alumno en un profesional realmente capacitado dentro de la tradición tectónica, aquella que se dirige hacia la historia, y que su discurso sin embargo se oriente a una concepción cultural más amplia que se base en los intereses sociales contemporáneos.

Sí, creo que el modelo *beaux arts* es un híbrido, como híbridas son las personas que se han mencionado en esta conversación —Stan Allen, estadounidense con una formación europea, y Ciro Najle, argentino con formación politécnica pero profesor en Estados Unidos—, quienes se mantienen en un equilibrio que combina ciertas lógicas de la academia estadounidense con una formación de base técnico-histórica. Seguramente se trata de encontrar una fórmula.

Sí, en estos momentos, para bien o para mal, muchos tenemos esa dualidad. Básicamente, lo que estoy diciendo es que el futuro nos pertenecerá a quienes podamos navegar entre lo específico y lo genérico, a quienes tengan algo que decir tanto desde la técnica como desde la cultura.

Lluís Serrano Segura, 2009-2010.

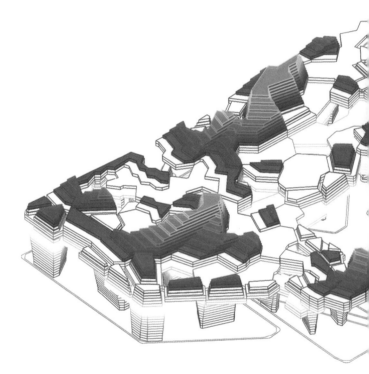

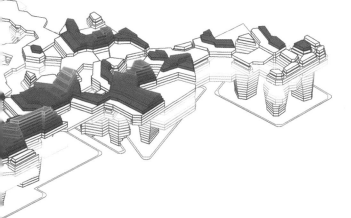

Conversación con

Grupo Aranea

Marta García Chico y Francisco Leiva Ivorra

Grupo Aranea lo forman en 1998 Marta García Chico, ingeniera agrónoma y Francisco Leiva Ivorra, doctor arquitecto y profesor de proyectos en la Escuela de Arquitectura de Alicante. En 2006 participan en la exposición del MoMA de Nueva York *On Site. New Architecture in Spain* con el proyecto para el Centro de Talasoterapia en Gijón (La Salamandra). Entre los premios recibidos por su obra construída se encuentran el FOPA (2005), el FAD de Arquitectura (2010), el Design Vanguard y el House Award (Architectural Record) (ambos en 2013), el The International Architecture Award, el Premio Europeo de Espacio Público Urbano, el FAD Ciudad y Paisaje (todos ellos en 2014), el Iconic Award, el Barbara Cappochin y Holcim Award (2015).

[JUAN CARLOS CASTRO-DOMÍNGUEZ]
Esta conversación parte de un trabajo que Lluís
Ortega desarrolló en la GSD de la Harvard
University, donde recogía una preocupación
por el tema de las nuevas ecologías, trabajo que
más tarde trasladó a los cursos de arquitectura
de la Escuela Politécnica de la Universidad de
Alicante. Los ejercicios de los cursos han estado
vinculados al desarrollo, la especulación y la
propuesta de nuevos modelos urbanos en los que
tanto el concepto de sostenibilidad como el de
naturaleza tenían una participación muy activa.
Tras un período en el que los arquitectos se vieron
seducidos por lo tecnológico, sobre todo a raíz de
la crisis medioambiental y los modelos neoliberales
basados en la dispersión urbana y el consumo
infinito del territorio, parece que vuelve a haber
cierto interés por cuestiones más disciplinares,
como la creación de nuevos modelos urbanos.
¿Qué relación establecéis, como profesionales
o profesores, entre la ciudad y el paisaje en
vuestro trabajo?

[GRUPO ARANEA] Creo que la relación más clara que
existe entre ciudad y paisaje es que la primera es un tipo
de paisaje concreto donde suceden cosas mucho más
complejas. En su acumulación de vivencias, la ciudad
construye un paisaje muy rico con capacidad de responder
a muchos más intereses; de ahí que haya más ilusiones
puestas en ella. Los paisajes agrícolas, por ejemplo, tienen
menor capacidad de fabricar experiencias y una función

más uniforme, mientras que la ciudad tiene infinitas capas solapadas. La seducción que produce la ciudad radica en no acabar de entenderla, pues se pierden muchas cosas, mientras que ciertos paisajes vinculados a la agricultura nos maravillan, pero en realidad resultan más fáciles de entender.

> Si entendemos el paisaje como una construcción más mental que real, donde tiene cabida el paisaje urbano, en este sentido, ¿qué valor le dais a la figura del paisajista, un personaje que parece mantenerse al margen de la arquitectura y de la ciudad? ¿Por qué pensáis que se produce esa resistencia de las escuelas y posgrados de paisaje a tratar lo urbano y la ciudad?

No nos gustan los cajones estancos, no queremos ver límites entre paisaje, ciudad y arquitectura. Si la ciudad es demasiado compleja y la arquitectura es demasiado específica, el paisajista se enfrenta al mismo problema cuando aborda temas de agricultura y medioambientales. El paisajista no puede renunciar a tantos campos si no quiere verse relegado a cuestiones ornamentales, y desde su privilegiada posición debe asumir el compromiso medioambiental al que entre todos debemos hacer frente.

Probablemente se trata de una cuestión de ganar huecos, de conseguir cuotas de poder. Como la cuota de poder del arquitecto era muy grande, el paisajista ha ido buscando su propio hueco. También puede tener que ver con la seguridad que ofrecen las fronteras disciplinares que parecen existir entre la arquitectura y el paisaje.

Parece haberse creado una especie de enfrentamiento entre la arquitectura y el paisaje, donde los paisajistas pueden verse como "decoradores verdes", cuando en realidad existen personajes de ambas disciplinas que están tratando con la misma intensidad tanto la arquitectura como el paisaje. Por otro lado, las escuelas de paisaje deberían estar dispuestas a considerar que la ciudad es también un paisaje, pero un paisaje con muchas capas y muchas relaciones internas. Esta complejidad resulta muy difícil de abordar sin un equipo especializado. En este sentido, el tema de la multidisciplinaridad es algo que vuestro estudio siempre ha practicado de una manera clara.

Evidentemente, el paisajismo tiene una parte muy técnica que requiere una formación muy específica, formación de la que probablemente carecen el 90% de los arquitectos. En estos momentos, es incuestionable la necesidad de formar equipos multidisciplinares para afrontar problemas de cierta entidad. Aranea ha sido siempre un lugar de encuentro de personas muy distintas, con intereses muy diversos y formaciones complementarias. No obstante, más que centrarnos en la multidisciplinaridad del estudio, queremos distinguir entre el trabajo en equipo y aquel trabajo más íntimo, creativo y espontáneo. Y creo que es una característica de nuestro estudio el saber combinar un trabajo muy personal con el rigor del trabajo en grupo. A través de una mirada más creativa, independiente y algo más libre, que a su vez está más abierta a absorber conceptos y cuestiones técnicas consensuadas por el grupo, Aranea interpreta cada lugar de una forma personal. No creemos que haya unas líneas argumentales claras que se desarrollen en una secuencia continua que parte de un análisis, donde todo el equipo se junta y, a partir de ahí, surge la solución. A veces sucede todo lo contrario y surge a partir de la intuición, de un interés *a priori* ajeno a cualquier tema medioambiental, que finalmente se convierte en un tema clave para el desarrollo del proyecto.

En el discurso de los colectivos o estudios multidisciplinares tienden a ocultarse estas primeras aproximaciones; nos preocupa que en ellos se planteen ecuaciones demasiado fáciles que acaben generando el proyecto. Nosotros somos un estudio multidisciplinar, un colectivo en crisis continua, siempre en lucha, en un debate y una negociación continuos.

En estos momentos el colectivo como marca está en boca de todo el mundo, como si su fluidez poseyera más flexibilidad para plantear cosas frente a lo individual, quizá más terco e idealista. Lo individual resulta más difícil de vender porque se difumina más fácilmente en lo colectivo, pero pareciera que en estos tiempos de precariedad el colectivo es capaz de manejarse con situaciones muy distintas. En ese sentido, el colectivo ha pasado a funcionar como marca.

En estos momentos parece que el colectivo funciona mejor que la marca, pues este tiene una base neomarxista en la que, en apariencia, no existen jerarquías y la identidad personal desaparece en favor de una colectiva. Por ejemplo, la marca OMA tiene claramente como figura a

Rem Koolhaas, pero también tiene unos socios imprescindibles y una estructura más o menos jerárquica. El colectivo funciona gracias a ese necesario reinventarse, transformarse o descubrir otros límites de la disciplina en un momento de crisis tan aguda como la actual.

La ilusión del colectivo es muy contagiosa. La generosidad con la que se acerca a los problemas reales de los ciudadanos ha abierto nuevas vías de acción, mucho más ágiles y desprejuiciadas. El colectivo tiene ese punto generoso del voluntarismo... No obstante, queda por ver su capacidad de transformación, si serán capaces de convertirse en algo duradero. Las personas que conforman el colectivo tendrán intereses divergentes que les impedirán poder seguir con él en un futuro; será difícil que su actitud perdure de aquí a unos años, y parece más fácil que acaben convirtiéndose en una marca más. Quizás los años en los que se forman los colectivos sean los más emocionantes de la vida de una persona, pero esas etapas de efervescencia no pueden mantenerse en el tiempo.

En el curso "Nuevas Ecologías" que planteó Lluís Ortega en la Universidad de Alicante, frente al concepto de sostenibilidad —un concepto cargado de muchos prejuicios, imágenes y previsualizaciones que hacían más difícil afrontar el tema— se propuso hablar de ecología, un concepto más amplio, complejo y abierto que, en principio, tenía menos prejuicios. ¿Qué diferencia encontráis entre lo verde y la sostenibilidad entendidos como algo de obligado cumplimiento, algo "por defecto", y un pensamiento ecológico, una cuestión más amplia y difícil de abarcar, pero que permite explorar los límites de las disciplinas? ¿Cómo exploráis la relación entre arquitectura y paisaje o naturaleza, o entre ecología y sostenibilidad?

Creemos que lo *verde* —masa verde, metro cuadrado verde, volumen verde, la capacidad de centímetro cuadrado de hoja para producir oxígeno...— va más allá de las modas, aunque hay que pararse a pensar lo que realmente supone. Hay mucha gente que está abordando el tema con cierta frivolidad, cuando lo que debería hacerse, como punto de partida, es garantizar de una forma reglada en las ciudades un mínimo de zonas verdes que aseguren un nivel aceptable de confort medioambiental, que las ciudades se desarrollen siguiendo parámetros cuantificables como, por ejemplo, el nivel de producción de oxígeno con relación a la producción de CO_2.

Si asumimos que nos encontramos inmersos en un ecosistema y que nosotros, los humanos, somos un elemento más dentro de ese complejo sistema, advertiremos que todo lo que hagamos tendrá influencia en el equilibrio que lo mantiene. Si la acción del hombre se convierte en predominante, y reduce y elimina una parte importante de las relaciones que en un principio hacían sostenible el sistema, acabaremos teniendo un ecosistema enfermo, incapaz de sobrevivir por sí mismo. Esto es lo que sucede en la actualidad con la mayor parte de los paisajes *antropizados* que necesitan de la constante intervención del hombre para mantenerse, y esta dependencia se va haciendo cada vez mayor. Casi todos los ecosistemas que tenemos actualmente son insostenibles por sí mismos. Es difícil romper esta tendencia, pero es nuestra responsabilidad tratar de sanear aquellos ecosistemas dañados. Si vivimos en una ciudad en la que el aire es cada vez menos respirable, debemos plantear el máximo número de zonas verdes posible para que ayuden a regenerar la atmósfera, pero también considerar que esas nuevas zonas ajardinadas van a formar parte del ecosistema preexistente y que deberán adaptarse lo mejor posible a las condiciones en las que van a desarrollarse. De otro modo, lo único que lograremos será aumentar todavía más la dependencia del conjunto y los efectos negativos en el sistema global.

El reto de una ciudad realmente sostenible es extremadamente complejo por su artificialidad. Aprender de lo que ocurría en los núcleos rurales hace años puede ayudar a extrapolar ciertas actitudes. Si, por ejemplo, hiciéramos el balance del ecosistema de un pueblo de hace 150 años —cuando la gente cultivaba con sus recursos, no importaba semillas, no utilizaba abonos químicos de síntesis, no contaminaba los acuíferos, no necesitaba de grandes sistemas de transporte, etc.—, veríamos que entonces sí había un sistema cerrado en equilibrio donde el ser humano actuaba como un elemento más, que aportaba y recibía. Este equilibrio se ha roto con el advenimiento de la ciudad, los nuevos modelos de explotación agraria, el desarrollo industrial y la red global de transporte.

Tenéis mucha experiencia en organizar talleres que tienen unas reglas muy claras. Si, por un lado,

entendemos esos límites y, por otro, entendemos que formamos parte de un ecosistema amplio y en movimiento que tiene que mantenerse en equilibrio, ¿cómo introducís el concepto de ecosistema en vuestro trabajo?

Nuestra forma de trabajar es bastante intuitiva y no planteamos grandes análisis sobre los ecosistemas, ni aplicamos las mismas estrategias en todos los lugares. La visualización de cada uno de los ecosistemas tiene que ver con la intuición que nos induce cada lugar, donde unas figuras adquieren más rápidamente protagonismo que otras. Si el proyecto se vuelve más complejo, normalmente intentamos ser algo más rigurosos, porque asumimos una mayor responsabilidad, pero hasta ahora nunca lo hemos hecho de una manera exhaustiva.

No planteamos ninguna hoja de ruta *a priori* para comprobar el grado de insostenibilidad de un ecosistema y su mantenimiento, ni tampoco aplicamos unas reglas claras para minimizar ese mantenimiento. Trabajamos con sistemas vivos, complejos y muy variables, y nuestro acercamiento es absolutamente empático. Por el contrario, a la hora de abordar nuestros talleres "Paisajes habitados" (PH) sí somos más ordenados y aplicamos una metodología que se repite sistemáticamente. Se trata de una experiencia de gran intensidad que reúne a casi un centenar de interesados en un corto período. Para poder garantizar unos mínimos resultados nos vemos obligados a generar protocolos que nos ayuden a gestionar estos ecosistemas efímeros.

¿Qué papel tendría en este caso el proyecto de arquitectura?

El proyecto es el gestor del ecosistema, tiene que dar forma al conjunto. No obstante, se trata de un gestor que carga con todos los grados de imprevisión y de falta de control de lo que se propone. En cierto sentido, se trata de un gestor poco hábil, porque nos manejamos en unos lugares con unas implicaciones infinitas y tenemos que actuar como gestores de situaciones muy complejas. Siempre intentamos que, en la medida de lo posible, el ecosistema que alteramos o modificamos no pierda el equilibrio después de nuestra acción, incluso que mejore dicho equilibrio.

Sin embargo, el pensamiento intuitivo podría chocar con el del ecosistema en equilibrio, formado por unos agentes que realizan funciones muy específicas y unas relaciones que se establecen entre dichos agentes y determinan su equilibrio. Se trata de una máquina muy compleja capaz de incorporar nuevos agentes y reorganizarse. Cualquier estudio de cualquier ecosistema y cualquier aplicación mínimamente tecnológica implican un conocimiento técnico exhaustivo que condiciona mucho las intuiciones en este caso.

Ante la imposibilidad de conocer en profundidad cómo es realmente el ecosistema, la intuición te asegura ser perceptivo al cambio. Si el sistema fuera realmente fácil de analizar y de diagnosticar, uno podría llegar a creer que puede desarrollarse una metodología aplicable sistemáticamente. Una intuición no tiene por qué ser una idea final; puede ser un arranque que tiene que ir tomando forma con toda la información que aportan los estudios técnicos más especializados. En el proceso se puede ir hacia delante y hacia atrás, incluso cometer fallos, pero hay que arrancar de alguna manera y normalmente se hace a partir de una intuición basada en los conocimientos de cada uno. Lo que permite la intuición es jugar con cierto grado de inseguridad, de incertidumbre, saber en todo momento que nunca vas a poder controlar todo. Y esa tensión que provoca la cercanía al error es muy necesaria en nuestro trabajo.

Nos aterran las sensaciones ficticias de seguridad que producen ciertos procesos pseudocientíficos de intervención paisajística: nos encontramos muy lejos del laboratorio. La intuición puede ser un concepto bastante ecológico en la medida en que, al ser consciente en todo momento de tus limitaciones, eres quizás más cuidadoso en cada aproximación.

Introduciendo el tema de la escala, vuestro trabajo se mueve a caballo entre la arquitectura y el paisaje, donde se producen unos saltos de escala bastante productivos. En vuestra labor docente en los talleres PH, aplicáis una aproximación a un determinado problema a partir de seis escalas. ¿Ponéis en práctica diferentes metodologías para diferentes escalas? ¿Cómo trabajáis el tema de la escala en las relaciones entre el paisaje, la ciudad y la arquitectura?

Los talleres PH tienen una estructura intuitiva, pero que se ha ido manteniendo año tras año. Organizamos el taller en seis grupos de trabajo, cada uno de ellos con un objetivo específico que tenía que ver con la necesidad de representar a los seis núcleos urbanos que conforman el valle de Guadalest, cuya unidad geográfica se veía seriamente comprometida por las diferentes políticas de los municipios que lo componen: cinco municipios con seis pequeños núcleos urbanos. En todo momento nuestra intención fue visualizar dicha unidad e intentamos aproximarnos a la complejidad del valle a través de seis miradas intencionadas que permitirían intensificar los tiempos de trabajo reducidos. Además de limitar el ámbito de trabajo de cada grupo, aseguraban cierta autonomía de las propuestas; la puesta en común del conjunto, con sus solapamientos y contradicciones, genera una imagen lo suficientemente compleja del lugar de estudio. Asociamos cada una de estas miradas a una escala de trabajo que abarcaba desde escenarios más urbanos hasta otros más territoriales: los núcleos urbanos, los límites de los núcleos urbanos, lo no urbano, la vivienda aislada, el nuevo pueblo, las actuaciones efímeras, etc.

Ya en el primer taller PH, pero sobre todo en los sucesivos talleres, cada una de estas "escalas" de trabajo fue adquiriendo connotaciones no solo dimensionales, sino también temáticas —rehabilitación urbana, identidad urbana, territorios productivos, gestión de los recursos, nueva urbanidad y, por supuesto, la fiesta—, que serían desarrolladas por un grupo de trabajo que estudiaría y se alojaría en cada uno de los pueblos.

Más allá de los talleres PH, entendemos que la pequeña escala permite ser un poco más frívolo, trabajar con menos responsabilidad aparente, donde los males que se pueden llegar a producir son menores. El trabajo pequeño es más intuitivo y tiene algo de caprichoso. Las pequeñas acciones pueden acotar mejor ciertos problemas concretos y ofrecer soluciones más ajustadas. La arquitectura no lo puede cambiar todo, y cada edificio no tiene por qué convertirse en el eje del mundo. En este sentido, la arquitectura tiene algo de ensayo y error, de proposición abierta.

En nuestro curso insistimos mucho en la construcción de nuevos léxicos o gramáticas, con una voluntad de que los alumnos se liberaran de prejuicios para que pudieran explorar nuevos ámbitos y límites —de ahí que introdujéramos los temas de ambigüedad de la escala, o paisaje y ecología, que no de sostenibilidad— para abrir vías de investigación internas a la disciplina que pasaran por el descubrimiento de nuevas herramientas o instrumentos (que podrían ser un *software*, una normativa, la interdisciplinaridad o el conocimiento específico de otro profesional). ¿Qué podríais decirnos acerca de la relación entre estos nuevos instrumentos y esas nuevas gramáticas dentro de la disciplina?

La introducción de nuevas herramientas produce momentos emocionantes que, en un principio, te dejan fuera de juego, pero que permiten ser más receptivos al descubrimiento, a no basarse siempre en certezas;

fuerzan a moverse a otro lugar y generan momentos muy interesantes. No obstante, cuando se convierten en el único motor, resulta un tanto preocupante. Las herramientas no son más que instrumentos de acercamiento a una realidad, no pueden convertirse en protagonistas únicos y cegarnos por su limitada objetividad. En todo momento tenemos que controlar el proceso proyectivo y no delegar en análisis parciales. En este sentido, el dibujo a mano puede ayudar a visualizar este proceso intuitivo. Inmersos en la incontinencia digital, esos primeros bocetos son un testimonio cada vez más valioso.

Los instrumentos pueden catalizar ciertos temas de una forma mucho más potente, más rápida o más intensa. En ese sentido, un nuevo sistema puede llegar a ser un cambio que te ayude a entender mejor que como estás entendiendo.

En el curso nos apropiamos de conceptos procedentes de la cibernética, como los *loops*, las interacciones o la edición del material, entendiendo que un proyecto necesita de una constante revisión del material generado, formular una serie de preguntas o testarlo en diferentes contextos para ver cómo se transforma, se adapta y se sofistica en cada iteración. ¿Qué papel tiene la exploración de cuestiones sistémicas en vuestros proyectos?

El proyecto tiene versiones infinitas, no deja de cambiar en el estudio y durante la obra y, una vez acabado, no deja de cambiar con cada nueva interacción con los usuarios. En el estudio se redibuja mucho, y los procesos de participación ciudadana permiten ajustar y reforzar posiciones. El proceso de construcción supone una dramática revisión; vincularse a su gestión permite volver a interpretarlo con el tiempo.

En los proyectos de paisaje se establecen las bases, pero después el proyecto evoluciona y quizá no tenga tanto que ver con lo que se había pensado en un principio. En estos proyectos el arquitecto es uno de entre tantos agentes conformadores y lo único que puede hacer es intentar conducir todo el proceso hacia un escenario deseable.

En cuanto a su forma, lo que más nos interesa es que nuestros proyectos contengan las máximas relaciones posibles con lo que nos rodea, que aprovechen las posibilidades que cada lugar les ofrece, que pongan en valor sus peculiaridades y que se contagien de todas ellas. Nos interesan cada vez más los proyectos como sistemas abiertos, participativos y flexibles. En la complicada situación que estamos viviendo, esta flexibilidad hace que los procesos de ejecución del proyecto sean algo más llevaderos.

En el contexto académico, ¿creéis que los nuevos instrumentos —las nuevas tecnologías aplicadas a la arquitectura y el paisaje— son capaces de articular nuevos léxicos?

Si hablamos del contexto académico, generalmente los alumnos no trabajan con sistemas, no saben aplicarlos. Idean escenarios finales y, cuando se exponen a la crítica por parte de profesores y compañeros, saltan a otro escenario final. Su proyecto pasa a ser un proyecto distinto, otro proyecto, pero no evoluciona en sí mismo. Al alumno le cuesta muchísimo traducir todo el resultado del análisis de una situación en un proyecto consistente. Digamos que al alumno muchas veces le sobran ingredientes; si realmente supiese elegir unos pocos, seguramente sería más cómodo para él. Este acumular frente a elegir demuestra una gran inseguridad, algo comprensible si tenemos en cuenta la facilidad que tiene el alumno actual para obtener información.

Cuando nosotros estudiábamos en la escuela teníamos mucha menos información a nuestro alcance y, claro, la valorábamos y aprovechábamos más. Nuestros proyectos eran más directos, y en cambio, ahora, los alumnos reciben tantos datos que resulta muy difícil que el proyecto los aproveche y que guarde cierta coherencia, pues se producen continuos saltos al vacío.

En la escuela incidimos mucho en los procesos de acercamiento a una determinada problemática. Pero, aun siendo exhaustivos en la recolección de datos, no hemos adquirido todavía experiencia en qué hacer con todos ellos y cómo traducirlos en proyecto. Hasta ahora los ingredientes eran escasos y había una querencia de ellos; ahora los alumnos siguen acumulando ingredientes hasta el final, y se resisten a entregar el proyecto hasta el último momento, dedicando demasiado tiempo a esta labor recopiladora, lo que los lleva a una pérdida de control de los procesos y de los resultados.

Cuando el individuo se hace mayor, toda la realidad que le envuelve parece alejarse; los sonido llegan tarde, la luz es cegadora, los caminos se hacen interminables, cada escalón es un obstáculo, cada acción un desafío. La situación empeora cuando a esos individuos son relegados a un plano secundario. Esto provoca que se acelere el fin de su autonomía y de su autoestima.

actuales. Las barreras, la desconexión y la compartimentación de la ciudad actual, surgida de tiempos pasados estrechos y ralentizados, no convergen en un momento donde la información circula con rapidez, de forma conectada e interconectada.

En un mundo rápido, cambiante, diferente a cada segundo, ellos no parecen alcanzar a tocarlo. Su educación de otra época, casi de otro mundo, basada en falsas verdades absolutas no parece resultar lo suficientemente flexible como para adaptarse y asimilar con rapidez los cambios

4

cional impuesto y heredado de la vieja ciudad tradicional. Pretendemos ahora que el corredor tradicional de la calle se traslada al interior de las manzanas, conectando los niveles, y devolviendo el interior de las manzanas a la ciudad.

Para intentar mitigar la situación, se plantea una reforma de la ciudad actual comenzando por la barrios (L'Eixample en este caso), que pueda servir de conexión, de puente entre las viejas y las nuevas generaciones; donde las antiguas estructuras convivan con una nueva forma de ocupar los tres espacios (subsuelo, calle y entre suelo); donde las conexiones y las interacciones entre las partes resulta viable. Buscamos una ciudad en la que las viejas generaciones encuentren nuevas formas de ser útiles; de servir, de vivir y de disfrutar. Mejores y más fáciles conexiones que permitan ocupar los espacios de la ciudad más allá de los límites del espacio público conven-

5

Conversación con

Ciro Najle

Ciro Najle, arquitecto, investigador, educador, decano de la Escuela de Arquitectura y Estudios Urbanos de la Universidad Torcuato Di Tella, profesor visitante de la Escuela de Diseño de Graduados de la Universidad de Harvard, cofundador y exdirector del Programa de Landscape Urbanism en la Architectural Association, ha impartido clases en GSD Harvard University, Cornell University, Columbia University, Berlage Institute, Universidad Federico Santa María y Universidad de Buenos Aires. Coeditor de *Landscape Urbanism: A Manual for the Machinic Landscape*, *Modos de Práctica, Culturas Digitales* y autor de *Suprarural* y *The Generic Sublime*, libros publicados por Actar Publishers.

[LLUÍS ORTEGA] Hace unos años, el decano de la GSD de la Harvard University, Mohsen Mostafavi, me pidió que planteara una investigación que introdujera la sostenibilidad en uno de los cursos de grado. Para lidiar con el problema, sustituí el término *sostenibilidad* por *ecología*, por lógicas más sistémicas, no para eludir la cuestión, sino para hacerla más operativa, quizás menos moralista, y cargar así la palabra con menos sentido dentro de la disciplina. En un ejercicio de autocrítica proyectiva respecto a los cursos, podría decirse que estos desarrollaban una confianza excesiva en la autonomía de la disciplina. En este sentido, creo que la pregunta acerca de la sostenibilidad debe hacerse en clave política para que el arquitecto pueda ser un interlocutor válido en cierto tipo de círculos ajenos a la disciplina. En mi caso, tiendo a buscar términos exclusivamente disciplinares y, por ejemplo, cuando menciono *operatividad*, me refiero a la capacidad de operar dentro de una disciplina que tiene cierta historia, ciertos conocimientos y culturas propios. Creo que tus trabajos son mucho más autónomos que lo que yo planteo en mis cursos. ¿Cómo situarías la investigación académica respecto a la tradición autónoma de la investigación arquitectónica? Cuando se produce una presión exterior para que el arquitecto se convierta en un interlocutor político en ámbitos profesionales, en ese sentido, ¿dónde posicionarías tu trabajo, tu previsión de trabajo? ¿Percibes, como yo, esa presión a abrir los cursos a modos de operar menos autónomos, como, por ejemplo, el tema de la sostenibilidad?

[CIRO NAJLE] Mi posición es seguir trabajando para expandir el aparato disciplinar, pero sí que se produce una autocrítica y uno se pregunta para qué hace lo que hace si no es para producir una mayor capacidad de inserción. Pero, en el momento en que trabajos como los nuestros se disponen literalmente como una mediación transdisciplinar, creo que pierden su interés, pues pierden su capacidad de conocimiento para pasar a ser meros instrumentos. A mí me sigue interesando la construcción de una disciplinaridad más robusta.

Entiendo la robustez de la que hablas, me siento cómodo en ella, y justamente por eso me entra cierta incomodidad por la autocomplacencia que puede suponer un marco de trabajo estable. En estos momentos, mantener la misma investigación durante 15 años es un valor en sí mismo, pero por otro lado puede automarginarte como operador cultural, pues parece que acaba teniendo interés solo en un "circuito de amigos". En ese sentido, más que el tema de la sostenibilidad, me preocupa la figura del arquitecto como especialista, y para evitarlo se requeriría algún tipo de estrategia de apertura y prescindir de la autorreferencia en los trabajos de investigación académica.

Quizá sea parte de la propia construcción autorreferencial a la que te remites, pero creo que ese riesgo no es un problema nuestro, sino de quienes construyen sistemas o procedimientos autorreferenciales sin haber atravesado en ningún momento un diálogo transdisciplinar. Creo que no es nuestro caso, o al menos yo constantemente efectúo de una forma bastante sistemática ese movimiento hacia afuera y después hacia dentro. En ningún momento se convierte en una construcción parada en los procedimientos anteriores, sino que justamente los expande desde la autoincorporación de nuevos agentes externos. Entiendo el trabajo académico necesariamente como una ficción que recorta aquellos aspectos de la realidad que son intensos, dominantes o pretenciosos, pero que a la vez los interpreta, los integra en el discurso anterior para hacer que sean justamente ficciones, no literalidades.

Cierto, pero la construcción de esas ficciones, que en el fondo consiste en la selección de unas cosas excluyendo otras, se transfiere a una agenda más política o ideológica, aunque también tenga una carga operativa. Por ejemplo, resulta un tanto paradójico que en los cursos que llevé a cabo en la GSD arrancamos de una revisita de muchas de las lógicas cibernéticas como metodología operativa, y la carga política de muchos de los trabajos cibernéticos era la transdisciplinaridad, el intercambio total con varias disciplinas o la construcción de un lenguaje común con varias disciplinas. En estos casos, la cibernética se convierte en un lenguaje relativamente opaco

respecto a una especie de autoconstrucción
ficticia, no para conseguir más intercambio desde
la disciplina, sino como un sistema para conseguir
innovación disciplinar.

¿De qué tratamos cuando hablamos de disciplina? Yo no
me refiero a la cibernética, sino a la arquitectura, una arquitectura actualizada o expandida como campo disciplinar en la medida en que incorpora, entre otras, técnicas
de la cibernética, pero que sigue siendo arquitectura y
sigue rindiéndole cuentas al pasado, a la historia, a las
tradiciones y a las formas arquitectónicas existentes. Por
otro lado, operar comunicándose con otras disciplinas es
una iniciativa que tiene que ver con que, de repente, ciertos
campos de conocimiento de la disciplina se vuelven más
demandados. El problema de la sostenibilidad alude a esos
territorios externos a la disciplina, se comunica con ellos
y les roba parte del lenguaje, pero siempre para volver a
expandir el campo disciplinar. Todo esto resulta paradójico: por un lado se alimenta del exterior, pero, por otro,
construye un aparato interno que se expande. Tengo una
confianza plena en que el valor de lo que hago se sustenta
fundamentalmente en esa doble acción: ir afuera y volver a
construir el interior de la disciplina, y no centrarse en una
sola de esas dos actividades, ni hacer el mero trabajo sobre
la instrumentalidad como tal ni sobre la disciplinaridad
como un campo autónomo con una trayectoria paralela. Si
se produce algo de innovación en el trabajo, esta tiene que
ver justamente con esa oscilación. Los quijotes de la transdisciplinaridad me tildan de excesivamente autónomo, y
los de la autonomía, de excesivamente transdisciplinar.

Creo que este debate polarizado constituye justamente la reducción del problema.

> Volviendo sobre el mismo problema, pero en unos términos radicalmente distintos. Por ejemplo, si estos cursos de Harvard University se plantean en las escuelas politécnicas españolas, que proceden de unas culturas muy distintas, desde el punto de vista estrictamente académico, ¿plantearías esa misma pregunta sobre la autonomía de la disciplina en ambos contextos? ¿Mantienes tu autonomía pedagógica o metodológica independientemente de la institución académica en la que estás trabajando?

No, en este sentido soy completamente político. Dependiendo de los contextos, mi discurso sobre el trabajo se vuelve más aparentemente heterónomo, más literal, celebratorio o disciplinar, o, por otro, más reaccionario o historicista. Por ejemplo, en una charla que di en la GSD hice una especie de alegato ultradisciplinar donde parecía estar hablando a ciertos amigos o colegas de aquel contexto, y ahora, en Buenos Aires, la última interpretación de mi trabajo es, de repente, asociarlo con una teoría del error. Estos malentendidos son siempre visiones parciales que tratan de atarnos a ciertas tradiciones, a veces a favor y otras en contra, pero tratan de clasificar. Hay cosas de las que yo hablaba fervientemente en el 2000, pero las planteaba de una manera provocativa y claramente cínica, y cinco años más tarde se transformaron en una especie de celebración literal. Por ejemplo, en el caso de la tecnología, en el 2000 planteé el curso *Technologies of Habitation* [Tecnologías del habitar], donde se hacían casas y se citaba la máquina de habitar con un discurso ultratecnológico. Después vino otro curso que se llamaba *Emergent Technologies* [Tecnologías emergentes], que se transformó en una especie de celebración literal de la tecnología en trabajos disciplinares basados de una forma muy literal en una idea de que la arquitectura es pura tecnología. U otro curso donde se celebró la relación con los ingenieros y sostuve que la arquitectura era ingeniería.

Si lo entiendo bien, no estás planteando tu actividad académica desde el punto de vista de la investigación cientifista, tan en boga estos últimos años en la academia, sino más en términos de desplazamientos. En tu sabotaje sistemático de cualquier intento de estabilizar la estructura de trabajo, lo que sería la estructura más clásica de la investigación académica, estableces una crítica al modelo de investigación *versus* un modelo más filosófico-teórico que tiene que ver con el desplazamiento de los modos de pensar, más que con un contenido determinado de pensar u operar en el caso del diseño.

Pero, si hablamos un poco más de contenidos determinados, una de las cosas que a mí me estimuló era volver a hablar de la ciudad cuando parecía que se había abandonado todo el discurso sobre ella. En tus investigaciones has trabajado mucho una escala intermedia, desde los barrios cerrados hasta grandes rascacielos,

megaestructuras o miniciudades, y eras muy
consciente de que se trataba de una escala
muy operativa; siempre acabas volviendo a esa
escala. Como laboratorio de trabajo, parece que
siempre te ha interesado la escala de arquitectura
urbanística. ¿Por qué crees que te interesa
esa escala? ¿Es algo puramente circunstancial,
una casualidad logística?

La razón por la que me interesaban las grandes escalas en
la época del curso *Landscape Urbanism* [Urbanismo del
Paisaje], que desarrollé en la Architectural Association
de Londres,[1] es muy diferente a la razón por la que me
interesan ahora. Me doy cuenta de mis propios errores, o
al menos de lo que creía que era un campo muy fértil y que,
de repente, se convirtió en un cliché, pero me interesan
ahora porque se parecen más a las razones por las que me
interesaron en un principio, que tienen que ver con la idea
del edificio grande, con la idea de que en ciertas escalas
los problemas y los límites de la arquitectura se superan
como disciplina estética o representacional. Me interesa
la capacidad que tiene esa escala de trabajo de producir
artefactos cuasi naturales, pero no en su sentido natura-
lista, sino en el de que contienen cierta indiferencia, como
objetos que se manifiestan como una presencia, donde el
objeto existe más allá de los sistemas de valoración críticos
y estéticos o solamente culturales que tienen que ver con
una presencia más allá de lo puramente humano. En ese
sentido, me interesa trabajar sobre grandes escalas, porque
son oportunidades bastante literales que no tienen tanto
que ver con el registro sistémico. Dentro de este problema,

---

1   Véase: Mostafavi, Mohsen y Najle, Ciro, *Landscape Urbanism: A Manual
     for the Machinic Landscape*, Architectural Association, Londres, 2003.

es como si lo sistémico fuera un medio necesario para construir un tipo de configuraciones que va más allá de la historia. Se trata claramente de un instrumento interno, no de un mecanismo de mediación o de comunicación transdisciplinar, sino una especie de condición interna del objeto sublime.

> Sí, pero esta condición trascendental que persigues ¿tiene que ver con la escala o con el resultado de una sistematicidad aplicada a una creación material de una cierta manera? Puede que la escala tenga otro papel más político.

En lo que se refiere al papel de la escala, el material de trabajo, o el programa de trabajo si se quiere, tiene que ver con una vocación de encontrar las cosas existentes que me interesan. En cierto tipo de intervenciones, hechas más o menos rápidamente en gran escala, creo que ya tienen un potencial, y me gusta especialmente la fricción que se genera al trabajar con material supuestamente banal y no tanto con una especie de lugar sin restricción.

> ¿Pero por una provocación política o por operatividad?

Por ambas. No creo que sea tan provocativa, pues existe toda una historia de ese tipo de búsqueda, de trabajo sobre materiales banales y objetos encontrados; me interesa formar parte de esa historia, de ese tipo de actitud cultural que resulta provocativa por el hecho de quedarse fuera. Pretender ser provocativo por el mero hecho de serlo no me lo parece tanto a estas alturas. Aunque hay cierto interés por situar el discurso en ciertos contextos culturales, en el aspecto interno también me interesa la dificultad que plantea. Me interesa tratar un mal material como si tuviera valor porque genera mucha dificultad en el trabajo —de otro modo sería demasiado sencillo—, y en la enseñanza está bien tener una mayor fricción a la hora de operar. Me interesa la provocación que puede haber en esto, pero más su problemática, su dificultad.

> Digamos que la resistencia que planteas es un motor de invención más potente que el verse acompañado de material venerable.

Sí, tal vez porque es menos reductible a la belleza.

> Volviendo un poco a la pregunta sobre la autonomía, pero más desde un punto de vista profesional que académico. En una conversación con Iñaki Ábalos acerca del futuro de la disciplina, este decía que a corto o medio plazo los discursos hipersimplificados van a ser más operativos. La arquitectura del titular o del diagrama sintético no operativo es una síntesis cerrada del proyecto que permite operar en situaciones de alta complejidad. La cultura que arrancó en la década de 1990 ambicionaba ser políticamente operativa en entornos de alta complejidad, implementando la complejidad en los modelos. Se llevaron a cabo una serie de invenciones conceptuales e instrumentales que aparentemente permitían lidiar

con más variables, con más simultaneidades, con modelos más dinámicos, etc. Quienes llevaron más al límite esa complejidad del modelo han demostrado con el tiempo ser absolutamente incapaces de lidiar con complejidades externas a sí mismas desde el punto de vista profesional, y los más inteligentes y mejores arquitectos se han retirado rápidamente de estas posturas y han renunciado parcialmente al discurso de la complejidad para entrar en otro tipo de discursos más políticos o culturales. ¿Cuál es tu intuición respecto al entorno más profesional o más político de la arquitectura en cuanto a la complejidad? Simplificando mucho, creo que habría tres modelos: un primero, el hipersimplificado; un segundo, el moralista, que sería el paramétrico, y que viene a ser una visita del *high tech* que intenta conseguir un hipercontrol sobre los elementos de alta complejidad, y un tercero, el subversivo-cultural, donde enmarcaría más tu trabajo, que no ambiciona el hipercontrol ni la oportunidad o el oportunismo mercantil con la simplicidad, sino que utiliza la simplicidad para promover algún tipo de innovación o de invención tipológica.

De los tres, el segundo discurso se cae por su propio peso, en el sentido de que se vuelve profesión, como hicieron SOM o Norman Foster en su época, o una nueva actualización del mismo modelo. Este modelo tiene mucho éxito comercial, pero ha conseguido su éxito intelectual gracias a diversos

malentendidos; creo que le queda poca vida y forma parte
del devenir de la arquitectura comercial.

Sobre el primero, creo que es una vuelta literal, un
movimiento a contrapelo de lo que parece no haber
funcionado de la cultura de los últimos quince años y que
oportunistamente está capturando el mercado, incluso la
academia. A mí no me parece tan mal, es simplemente una
posición viable en este momento; pero eso no implica una
renuncia a los valores culturalmente transformadores de lo
que se viene haciendo, sino que, en todo caso, significa otro
tipo de sabiduría, no solo política, de cómo se "comandan"
los instrumentos. No tener apariencia de complejidad
ahora es un trabajo. Los proyectos que más me interesan
ahora no tienen esta apariencia de complejidad, pero sí
son complejos. No son literalmente contrarios a la idea
de complejidad, pero contienen un trabajo más laborioso,
que es producir una apariencia de simplicidad. Quizá la
hipersimplificación sea una especie de táctica momentánea
o de reconfiguración del tercer modelo que mencionas,
el subversivo-cultural, pues, en la medida en que es
demasiado explícito, creo que es marginal; o, mejor dicho,
puede no ser marginal, pero se puede volver comercial,
una impostura.

> Me siento más cómodo y más operativo en
> entornos de cierta apertura y me preocupa mucho
> la especialización, que tiene que ver con la idea
> de estilo y de técnica. Esta categorización cerrada
> de los arquitectos es algo que empobrece. Y digo
> esto desde una posición muy clásica, la del
> arquitecto generalista.

Lo que comentas de hacer que una cosa compleja sea simple, no lo leería solo en clave interna, sino que lo restablecería como operación externalizante del trabajo, de comunicabilidad para los no expertos en ciertas operaciones complejas, de modo que puedan retroalimentar los procesos. Se trataría de llevar a cabo una construcción disciplinar que se expanda no solo mediante derechos, sino mediante datos externos, y que la retroalimentación se produzca introduciendo exterioridades de una manera receptiva. La preocupación principal sería cómo hacer para que no se convierta en autorreferencial.

Volviendo al tema de la simplicidad, un tema muy visible, creo que, si se encara desde la lógica sistémica o literalmente como un problema de simplicidad aparente, es interesante por la oportunidad o las articulaciones profesionales que tiene implícitas.

Algo que me interesa últimamente, y que creo que está emparentado con la idea de simplicidad, es la idea de irreductibilidad o de síntesis. Desde lo puramente operativo me interesa seguir trabajando procesualmente, que el producto no se deduzca del proceso. Construir procesos de proyección que desde el inicio estén planteados para llegar al punto en el que la lógica interna ya no tenga validez para justificar el objeto y que aparezcan lógicas externas, incluso como una cuestión de imagen y de figuración. Mi trabajo con las morfologías tenía que ver con la idea de la figura, y no solo con la idea del proceso. En otro curso que desarrollé en la GSD de Harvard University, los proyectos estaban desarrollados como sistemas, pero también tenían la lógica del enclave. Entonces todos los proyectos trabajaban con la interioridad del sistema y del proceso de producción, pero finalmente se conformaban con la idea de una especie de manifiesto sobre la ciudad en clave de proposición sintética muy simple de comunicar, pero también como objeto. Los proyectos de ciudad que hicieron los alumnos a diferentes escalas eran literalmente objetos, edificios grandes, algo que tiene que ver con el problema de la "grandeza" que planteaba Rem Koolhaas,[2] pero con una vocación de síntesis y de simplicidad, no en el sentido de la simplificación o de la reducción ni como funcionamiento o apariencia, sino como un acceso o momento de irreductible proceso.

En los cursos cada vez me interesa hablar más del resultado. Existen figuras que ayudan en todo esto: la idea de manifiesto, de ciertas figuraciones naturalistas o la cuestión del perímetro en los proyectos, e incluso cuestiones de acceso a un orden simple. Me interesa el problema de la estructuración, que se vincularía con esa idea de simplicidad, de los momentos en los que el proceso se disipa completamente y se vuelve estructura, ese momento sintético en el que el proceso queda muerto, cerrado, pero no porque literalmente sea un sistema cerrado, sino porque se manifiesta como un objeto sintético.

En el fondo, en esta revelación de síntesis que se convierte, en una especie de proceso, en algo con cierta autonomía presencial y organizativa en clave más disciplinar, ¿hasta qué punto desempeña un papel la autoconsciencia? ¿Se trata de un proceso

2   Véase: Koolhaas, Rem, "Bigness, or the Problem of Large", en Koolhaas, Rem y Mau, Bruce, *S, M, X, XL*, Monacelli Press, Nueva York, 1995, págs. 495-516 (versión castellana: *Grandeza, o el problema de la talla*, Editorial Gustavo Gili, Barcelona, 2011).

de revelación, o de un proceso provocado con prejuicios respecto al tipo de síntesis que buscas?

No es ninguno de los dos, sino que suele ser una construcción paralela que opera en una dimensión superior, pero que no es ni un encuentro ni una prefiguración. Es como plantear una doble construcción: procesual, sistémica, sistemática y orientada a la investigación, pero que aparentemente tiene un final abierto, por un lado, y, por otro, cultural, históricamente determinada, figurativamente clara, incluso muy provocativa o dogmática. Es un proceso que se retroalimenta mutuamente. Se trata de trabajar en líneas paralelas que conservan su discrepancia con otras líneas, como formatos o medios de trabajo, y donde ciertos discursos permiten un cierto tipo de trabajo en diferentes registros que, en realidad, son disímiles y se transfieren información, pero que son irreductibles el uno al otro. Continúo trabajando de modo que el núcleo del trabajo reside en el trabajo sistémico, y donde los trabajos paralelos a ese núcleo siguen siendo secundarios.

Francisca Gil Abenza, 2010-2011.

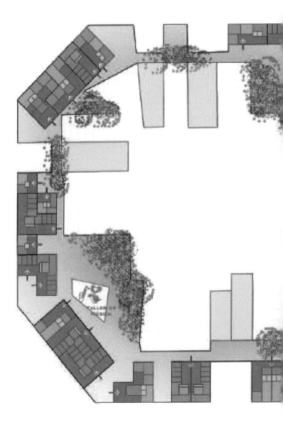

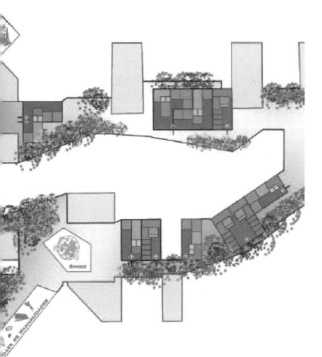

Conversación con

Francesc Muñoz

Francesc Muñoz es profesor de Geografía urbana en la Universidad Autónoma de Barcelona desde 1995 y director del Observatorio de la Urbanización de la misma universidad. Especialista en urbanismo, planificación urbana y diseño de estrategias territoriales. Ha participado como experto en misiones del Consejo de Europa referidas a estas cuestiones y ha sido profesor invitado en varias universidades extranjeras, en Francia, Italia o el Reino Unido. Director de la colección de libros Paraula i Paisatge (Àmbit editorial), entre su obra destacan *urBANALización: Paisajes comunes, Lugares globales* (Gustavo Gili, 2008) y *Estratègies vers la ciutat de baixa densitat: de la contenció a la gestió* (Diputació de Barcelona, 2011).

[LLUÍS ORTEGA] Hace un tiempo me lanzaste
el reto de pensar sobre el posturbanismo.
Me gustaría que desarrollases un poco por
qué decidiste utilizar este término y cuál era tu
expectativa al respecto.

[FRANCESC MUÑOZ] Seguramente el prefijo post ha sido
tan criticado por haber abusado de él, al igual que sucede
hoy, por ejemplo, con el término *sostenibilidad*. Sin embargo,
por ser tan inmediato y descriptivo creo que el post todavía
tiene su interés. Con *Arquitecturas Posturbanas* entendía
lo urbano como la categoría propia de la ciudad. En ese
sentido, creo que el siglo XX ha estado más consagrado
al proceso de urbanización —que arranca en Europa y
que, después de la II Guerra Mundial, explota hacia otros
ámbitos, como Latinoamérica, y en el último tercio del
siglo XX se globaliza y llega a Asia y África— que al arte
de hacer ciudad. Creo que en el momento actual debe
plantearse desde qué principios inspiradores y desde qué
claves puede pensarse la arquitectura como una máquina
de creación de sentido en relación con la ciudad, y no
únicamente como mero instrumento de urbanización.
Así, al igual que reconocemos momentos de fractura en
los que se han repensado la función y los principios de
la arquitectura —como, por ejemplo, la aparición de la
Carta de Atenas—, la organización del seminario sobre
arquitecturas posturbanas[1] nacía de la intuición de que
nos encontrábamos en un momento en el que algunas
ideas estaban en ebullición; si bien probablemente no todas
ellas son igualmente buenas o potentes, sí existen varias
cuestiones que dan pie a pensar que nos encontramos

---

1   El seminario *Arquitecturas Posturbanas: "Escenarios sobre el futuro de la
     ciudad"* se celebró en el Museu d'Art Contemporani de Barcelona (MACBA)
     en mayo-junio de 2010. Coordinado por Francesc Muñoz, el seminario contó
     con conferencias de Jordi Borja, Carlos García Vázquez, Andrew Kirkby,
     Lluís Ortega, Pablo Cicciolella, Camilo Restrepo y Winy Maas.

en un nuevo momento de reformulación acerca de qué es la arquitectura y qué representa para la sociedad. En este sentido, me parecen importantes cuestiones como la sostenibilidad (aunque no definida solamente desde puntos de vista ambientales) o la participación ciudadana (asociada a los procesos de construcción del territorio), y en el curso se trataba de especular sobre si tales emergencias significaban el principio de una nueva arquitectura posturbana. Es decir, en un momento en el que las ciudades se han visto completamente superadas por la urbanización, me interesaba discutir cuáles eran los escenarios para la arquitectura en el siglo XXI. Repensar lo que ocurrirá con las arquitecturas de la costa y los *resorts* turísticos, con los centros históricos o los frentes marítimos urbanos, con las periferias residenciales del *urban sprawl* [esparcimiento urbano] y tantos otros laboratorios urbanos que actualmente están en crisis. Se trataba, pues, de un primer gesto que ordenaba contenidos para dar forma a un seminario que, de forma embrionaria, intentaba cartografiar algunas cuestiones en estado de ebullición y a partir de ellas entretejer una nueva narrativa proyectual, una mirada más adecuada a esos territorios que son producto de la superación de lo urbano que ha caracterizado el siglo XX, una narrativa, en definitiva, de "después de" la ciudad.

La pregunta venía justamente tras cuestionarme si nos encontrábamos en un escenario posturbano o reurbano, porque la idea de que el urbanismo ya no constituye un instrumento —una idea que lanzó Rem Koolhaas con mucha potencia—[2] provocó un

---

2   Véase: Koolhaas, Rem, "The Generic City", en Koolhaas, Rem y Mau, Bruce, *S, M, X, XL*, Monacelli Press, Nueva York, 1995 (versión castellana: *La ciudad genérica*, Editorial Gustavo Gili, Barcelona, España, 2006).

verdadero terremoto en el interior de la disciplina. Sin embargo, creo que muchos de los portavoces de esta hipótesis la ponen en tela de juicio en el momento en el que tienen que volver a pensar los mecanismos y las escalas de intervención relevantes para los problemas más urgentes desde el punto de vista territorial, energético, social, etc. Es decir, que muchas veces la capacidad o la escala de la arquitectura relevante para estos problemas va más allá de la edificación y, por tanto, de la reconstrucción del discurso sobre lo urbano. De ahí que lo posturbano sea un concepto un tanto tensionado, pues implica un tipo de final de lo urbano, y quizás podría repensarse el término como una revisita de lo urbano...

En el seminario me interesaba mucho escapar de cualquier juicio nostálgico (en ese sentido, el prefijo re- se presta bastante a ello). Además, en mi opinión, en el contexto europeo el prefijo re- está excesivamente cargado de nostalgia. Estoy de acuerdo con tu planteamiento, pero en aquel momento me parecía que era más claro el pos- y también, por qué no decirlo, tenía más potencia, era más atractivo. La idea de reurbanizar me parece demasiado cercana a la idea de recuperación, a aquella visión historicista sobre la ciudad actual que creo más que agotada.

Podría decirse que tu trabajo siempre se articula en torno a la crisis. Una de las ideas que habías desarrollado alrededor de la crisis fue la *urbanalización*,[3] y ahora el posturbanismo, pero

3   Véase: Muñoz, Francesc, *Urbanalización: paisajes comunes, lugares globales*, Editorial Gustavo Gili, Barcelona, 2008.

en el fondo ambas todavía no reconocen de una manera explícita, ni articulan de una manera muy directa, la crisis real ante la que nos encontramos en estos momentos. ¿Cuál es tu perspectiva al respecto? ¿Cuáles serían los focos de tensión? Al igual que en un momento dado parecía que con la *urbanalización* los procesos de consumo articulaban nuevos procesos de socialización, seguramente la crisis actual demanda un reenfoque de la reflexión. Sin caer en discursos moralistas, que parece que son los imperantes en estos momentos, ¿cuáles podrían ser los articuladores de nuevas teorías urbanas?

En el caso de la *urbanalización* se trataba de un discurso crítico sobre la forma, las funciones y la cultura urbanas centrado en el estudio de cuatro ciudades —Buenos Aires, Berlín, Londres y Barcelona— que, en realidad, se proponían como prototipos de otras muchas realidades urbanas, de otros muchos itinerarios *urbanales*: Buenos Aires simbolizaba la gran megápolis socialmente cuarteada; Londres y Berlín, las metrópolis clásicas que habían evolucionado a partir de las antiguas capitales imperiales, transformadas y vueltas a transformar, y Barcelona, el ejemplo privilegiado de la ciudad mediana que efectúa un salto de escala gracias al urbanismo y a la celebración de enormes acontecimientos, como los Juegos Olímpicos de 1992. Si bien el libro denunciaba claramente procesos económicos especulativos vinculados a la especialización de la ciudad, la crítica principal se efectuaba principalmente sobre los procesos de "copia y pega" de imágenes urbanas, programas de urbanismo e incluso políticas de ciudad, al tiempo que defendía la necesidad de mantener y reforzar las diferencias entre espacios urbanos como un patrimonio colectivo en plena era de la privatización de lo público o, para ser más exactos, como definición, en términos progresiva y exclusivamente privativos, de atributos y contenidos urbanos que constituyen lo público y lo colectivo de una sociedad. En el caso de las arquitecturas posturbanas, se trata de un discurso más político, entendiendo el arte de hacer ciudad, el urbanismo, como un ejercicio político que debe asentarse sobre nuevas bases, en un momento en el que aquellas que se habían utilizado hasta entonces ya habían dado todo lo que podían dar de sí. Estoy de acuerdo, pues, en que la vía abierta con la reciente crisis económica exige nuevos planteamientos.

La crisis que sufrimos estaba más que anunciada, y ha afectado más a los territorios del sur de Europa, a países con economías en las que la reinversión se concentra principalmente en el sector de la construcción del territorio. Podría establecerse una genealogía que, simplificando en aras de la brevedad, vendría a relatar una historia territorial en la región urbana mediterránea: en la década de 1960 se colonizaron las playas con los primeros flujos turísticos, en la década de 1970 se consolidó la urbanización de las costas, en las décadas de 1980 y 1990 sucedió lo mismo con las montañas (los deportes de invierno), y a finales de la década de 1990 les tocó el turno a los espacios entre las ciudades, al espacio agrícola, a los vacíos intermitentes que habían quedado entre el territorio periurbano. En ese sentido, sorprendía comprobar cómo a principios de la década del 2000, cuando parecía que se habían frenado los procesos de urbanización en las áreas más urbanizadas de la ribera norte del Mediterráneo, la colonización urbana prosiguió a buen ritmo, e incluso de manera voraz en los países de la ribera sur, iniciando un proceso en el que solo quizá la llamada Primavera Árabe ha colocado un momentáneo interrogante. En consecuencia, las fronteras territoriales de esta economía basada en la construcción del territorio han ido desplazándose progresivamente. Por supuesto, el fenómeno también se ha producido en otros lugares de Europa, pero en otras latitudes y, en concreto, en el norte anglosajón, centroeuropeo o nórdico existen otros modos de reinversión y de retroalimentación del proceso de acumulación de capital, lo que explicaría los impactos diferenciales de una crisis generada a golpe de activos económicos tóxicos y burbujas inmobiliarias.

Por tanto, y volviendo a las preguntas que me formulabas, el discurso que plantea el libro *Urbanalización* se centra en la cultura y en la fisonomía urbanas, en el orden visual del paisaje de la ciudad, mientras que en relación con las arquitecturas posturbanas entiendo la arquitectura más como una herramienta política para generar políticas urbanas. Ninguno de los dos discursos, pues, presta demasiada atención a una serie de temas que ahora están emergiendo de forma virulenta y, al parecer, definitiva, como la necesidad de nuevos procesos de participación ciudadana o la posibilidad de pensar en una sostenibilidad autogestionada por los propios habitantes, cuestiones que, en mi opinión, viven una actualidad mediática y social en el contexto de la situación económica de crisis que actualmente vivimos y que merecen cada vez más atención.

Sin embargo, las dos vertientes económicas que mencionas —la participación ciudadana y la sostenibilidad autogestionada— son de ámbito local.

Son locales porque los lugares tienen la ventaja de estar acotados y bien delimitados, y por ello permiten hacer experimentos sin demasiado riesgo. Nos encontramos en un buen momento para propuestas de experiencias de autogestión económica y ambiental en las ciudades que coadyuven a nuevas formas de participación ciudadana capaces de superar las fórmulas al uso, que en demasiadas ocasiones son meramente consultivas o cosméticas. En ese sentido, en mi opinión el gran problema de la participación ciudadana consiste en intentar introducir, a veces con calzador, mecanismos de participación en el momento de la toma de decisiones técnicas sobre un proyecto concreto, cuando solo es uno de los momentos posibles para participar en la gestión de la ciudad. En realidad, existirían otros que considero mucho más productivos e interesantes, como el momento de la diagnosis o el de la valoración de un proyecto o política ya implementados. En todo caso, es cierto que la ausencia actual de un motor económico claro que active el proceso de producción urbana hace más fácil plantear este tipo procesos de participación, lo que nos conduce al pensamiento de Paul Virilio, quien sitúa el concepto de velocidad en el centro de su argumentación sobre lo urbano, una de las causas explicativas de los fenómenos que, por definición, pertenecen a la ciudad.[4] En resumen, con todo esto me refiero al hecho de que, a una velocidad diferente, muchos de los parámetros urbanos cambian y su comportamiento e influencias sobre las diferentes rea-

---

4   Véase: Virilio, Paul, *La Vitesse de libération: essai*, Éditions Galilée, París, 1995 (versión castellana: *La velocidad de liberación*, Manantial, Buenos Aires, 1997).

lidades que configuran lo urbano también se manifiestan de forma diversa. De haber habido menor velocidad en el núcleo de las economías urbanas, quizá ciudades como Dubái o Astaná nunca se hubiesen erigido como modelos —y no ya solo iconos— de urbanismo, que es lo que sucedió en las décadas finales del siglo XX. El mismo auge de lo que ha venido en llamarse vulgarmente "arquitectura icónica" se explica en gran parte gracias a la voracidad de unos ciclos urbanizadores cuya velocidad y aceleración se han frenado en seco. En consecuencia, la cuestión de cómo operar a una "velocidad cero" no es baladí, y está todavía por contestar. Creo que de entre aquellas manifestaciones que, al comienzo de la crisis, vislumbraban y abogaban por salidas innovadoras a esta ninguna ha tomado fuerza. Antes al contrario, creo que es más que evidente que ninguno de los sectores económicos importantes con capacidad para transformar el territorio y la ciudad comparte ambición alguna por "refundar el capitalismo", tal como se llegó a decir en un primer momento. La situación parece más la de un planificado *stand-by*, en el que tanto los capitales como los paquetes de suelo aún urbanizable están "hibernando" en un conveniente letargo para ser movilizados cuando resulte oportuno. Es obvio que nos encontramos en un momento en el que habría que reformular muchas cosas, pero tengo la impresión de que, en realidad, solo una parte de la población está repensando esas cuestiones estratégicas para el futuro como, por ejemplo, la forma en la que se hacen, y se deshacen, las ciudades.

Pero esto siempre ha sido así, a excepción de las crisis provocadas por las grandes guerras.

....

....

....

....

Sin embargo, ha llegado un punto en que la crisis está empujando justamente a hablar en clave política y participativa a una parte de la población que nunca había participado, o no al menos en los últimos diez años.

Pero vayamos cerrando temas. En los cursos que llevé a cabo en la GSD de la Harvard University, el primer año planteé un ejercicio de curso en un solar en Brooklyn, en Nueva York, donde no había nada (un gran vacío urbano dejado por una infraestructura en desuso), y durante el segundo planteé lo mismo en Valencia, el vacío dejado por el soterramiento de una línea ferroviaria. En ambos casos, la investigación, la especulación y los trabajos recogían gran parte de la tradición disciplinar sobre la ciudad ideal, la ciudad utópica, la tabla rasa, etc. Sin embargo, en el último año se planteó un proyecto muy diferente, un ejercicio en el Ensanche de Barcelona, en un tejido consolidado y que no se podía tirar abajo. No había vacío urbano, y el tejido urbano debía reconstruirse y reciclarse para articular nuevas maneras de urbanizar. La resistencia del contexto fue diferente que en los otros dos casos, en los que había un perímetro más o menos consolidado, un clima, una cultura y una economía, pero donde el lugar físico era básicamente un solar plano. En el caso de Barcelona no lo había, sino que lo que había era todo un tejido. Fue muy interesante, todo un reto, pues la arquitectura está poco preparada para trabajar en ámbitos de tanta resistencia, sobre todo con los instrumentos que la propia disciplina ha ido desarrollando y que son de índole formal, operaciones "de bisturí". Intuyo que hay todo un mundo sobre el que poder repensar la idea de urbanización, no en clave de desarrollo, sino de reciclaje, que tiene mucho recorrido, sobre todo ahora y por diversas razones (por colmatación de la urbanización territorial, por razones económicas, de consciencia social sobre los procesos de gasto y de consumo). ¿Qué piensas sobre este tipo de situaciones? No me refiero exclusivamente al caso de Barcelona, ciudad que constituye un buen laboratorio, pues se trata de un territorio muy cerrado, con poco suelo disponible, al menos aparentemente. A pesar de que creo que esto tiene un largo recorrido, sin embargo, si uno escucha las diferentes propuestas urbanas de los distintos equipos que trabajan desde las instituciones, pocas veces proponen este tipo de intervención; continúan con la misma mentalidad de la nueva planta, de barrios nuevos en diferentes zonas de la ciudad.

Hace un tiempo preparé un material para un seminario en el que el argumento principal era la discusión acerca de la idea de reciclaje. Quise acotar el concepto y busqué ejemplos muy claros que permitiesen identificar un gesto de reciclaje, independientemente de la escala o de la situación, a partir de la relación de cambio entre morfología y función; en ese sentido, se puede reciclar la función conservando la forma, o bien alterándola. Por ejemplo, a un CD de música se le puede introducir un programa nuevo (el viento) en lugar del antiguo (la electricidad) para que cumpla una nueva función —ahuyentar pájaros a partir de los reflejos del sol en su superficie—, o también puede cortarse por la mitad para hacer de él un posavasos. En el primer caso la forma misma acoge funciones diferentes, mientras que en el segundo la función resulta de la alteración de su forma. Además de esta primera conclusión de que el reciclaje puede articularse sobre diferentes relaciones entre forma y función, la reflexión nos llevó a un concepto muy interesante que llamé efecto multiplicador del reciclaje. Es decir, el reciclaje altera el contexto urbano hasta un punto tal que pueden aparecer y producirse fenómenos y situaciones que anteriormente eran poco o nada esperables, de modo que la ciudad cambia a partir de cómo se resitúan todos sus parámetros en función de los efectos del reciclaje. Obviamente, todo esto se produce al contemplar el concepto de reciclaje desde un prisma complejo y no únicamente en su vertiente meramente ambiental, vinculada más a la gestión de los flujos de energía, de los residuos o de la propia eficiencia ambiental y energética que define todo ecosistema. Estamos hablando, pues, de una aproximación a la idea del reciclaje mucho más global y que abarca aspectos económicos, sociales, culturales y morfológico-funcionales íntimamente relacionados entre sí que, en realidad, son aquellos que entretejen las bases materiales, y también las intangibles, que hacen que la ciudad sea lo que es.

Pero pongamos ejemplos concretos de lo que quiero decir con todo ello y veamos a dónde nos lleva esta visión ampliada de la idea del reciclaje urbano. Lo primero en lo que haría hincapié es en aquello que, de hecho, ya se planteaba en la pregunta: sabemos cómo operar, tenemos un conocimiento, una paleta de opciones testadas durante el siglo XX para construir y llenar el vacío, para vaciar y destruir el lleno, y para hacer ambas cosas operando en el escenario de la ciudad canónica, independientemente de que esta sea más o menos densa o compacta, bien hablemos de tejidos construidos o bien de espacios públicos. Existen, pues, recetas, fórmulas de intervención y cierta capacidad de predicción sobre el comportamiento de la ciudad que debe hacerse, pero no sabemos cómo actuar sobre la ciudad que hay que reciclar. En mi opinión, se trata de una labor de futuro que deberíamos empezar a encarar, quizás a partir del trabajo de una serie de grupos que, desde disciplinas diferentes, reflexionen y desarrollen una taxonomía de territorios urbanos donde el reciclaje de la ciudad represente un mayor potencial para iluminar un nuevo urbanismo (y no me refiero al tan cacareado urbanismo sostenible, de nuevo prisionero de los parámetros mera y simplemente ambientales).

Volviendo un poco al inicio de la conversación, creo que existen momentos de crisis en los que se inaugura una nueva manera de hacer las cosas, y es posible que, más que algo anecdótico o una actuación específica de una política ambiental sectorizada, el reciclaje urbano constituya una nueva manera de hacer las cosas en la ciudad. Así, y para explicar mejor la idea de taxonomía de territorios a la que me refería anteriormente, no debería significar lo mismo reciclar la ciudad compacta que la urbanización dispersa. Por ejemplo, si bien es un territorio bien conocido y sobre el cual existe una tradición y unos conocimientos para el proyecto, la ciudad compacta actual no ofrece muchas oportunidades para la equivocación, pues es muy diferente a la que teníamos hace 50 años. Puede que morfológicamente las tramas urbanas más antiguas hayan conservado su piel y su apariencia urbana, pero fenómenos de orden totalizador, como el turismo global o las migraciones transnacionales, han dado forma a un escenario con unos nuevos biorritmos capaces de albergar comportamientos y dinámicas, absolutamente diversas, a las que el proyecto urbanístico solía considerar como propias de esos tejidos. En cambio, en el escenario de la urbanización dispersa, el reciclaje debe orientarse sin duda a poder dotar de contenidos y atributos urbanos a una serie de situaciones de facto en las que las altas cotas de confort urbanístico se contradicen con las mínimas cualidades urbanas, y la casi total ausencia de aquellos elementos muestra y demuestra en qué consiste realmente la textura de la ciudad: la complejidad, la diversidad y la diferencia.

En consecuencia, lo que defiendo aquí es que deberíamos tener unas directrices generales lo suficientemente flexibles como para modelar el concepto de reciclaje y adaptarlo a las necesidades de una serie de territorios tipo —como la ciudad compacta y la urbanización dispersa—, que podrían configurar una especie de catálogo de territorios de interés donde poder actuar de diferentes maneras a partir de las relaciones existentes entre forma y función, a las que anteriormente aludía desde el prisma y la ambición del reciclaje como política transversal.

Por este camino, podríamos encontrar otros territorios tipo que todavía el urbanismo no ha reconocido ni en su dimensión real ni en su complejidad específica. Esto es lo que actualmente está ocurriendo con el suelo no urbanizable. En efecto, la coincidencia en el tiempo de una normativa que permite determinados usos con un momento de redefinición global del hecho urbano sobre el territorio —que en alguna ocasión he propuesto llamar *urbanización regional dispersa*— ha hecho que el suelo no urbanizable haya experimentado una curiosa evolución durante los últimos quince o veinte años. Esta evolución ha determinado que sea ocupado, de forma intermitente y discontinua, aunque no irrelevante, por parte de innumerables elementos de urbanización de lo más variados. Si bien no puede decirse que estos usos del suelo no urbanizable sean urbanos en su sentido literal —puesto que no consolidan tejidos urbanizados continuos ni representan la implantación de la vida urbana, con todos los atributos y aditamentos que acostumbramos a identificar como propios de la ciudad—, sí es obvio que dichas transformaciones no obedecen a los usos y actividades característicos de los suelos tradicionalmente no urbanizados —de uso y aprovechamiento agrícola o cinegético, y de carácter natural— y tienen que ver claramente con las economías y las sociologías de las ciudades en su sentido más amplio. De las prisiones a los *campings*, de los huertos solares a las antenas de telefonía móvil, de los campos eólicos a las casas agrícolas rehabilitadas como alojamientos de turismo rural, parece claro que hablamos de un nuevo territorio urbano que ya no es campo, pero que tampoco es ciudad; es otra cosa que solo ahora estamos empezando a reconocer, algo que creo que ya podemos empezar a llamar, sin resultar en absoluto audaces, campo urbanizado.

Por tanto, tenemos una tarea pendiente: disponer de esa taxonomía o clasificación de territorios de interés y operar en ellos desde y a partir del reciclaje. Un esfuerzo de diagnosis en cuya ausencia lo más común es repetir y replicar gestos urbanos que quizá podían funcionar en situaciones urbanas pasadas, pero que hoy son claramente insuficientes.

Como ejemplos de esas soluciones comodín que se van repitiendo sin realizar la labor de reconocimiento del territorio sobre el que se actúa, creo que los proyectos de espacio público ilustran muy bien los riesgos de los que hablo, que de nuevo nos conducen a hablar de la *urbanalización*. Así, los espacios públicos de la urbanización dispersa imitan aquellos otros con una tradición exitosa y consolidada pero que siempre se han proyectado en la ciudad compacta: la plaza o el parque. En realidad, el espacio público en estos nuevos barrios *exurbanos* debería ser mucho más "salvaje", menos urbanizado, hecho a partir de materiales no urbanos y definido más por la proximidad a los ambientes naturales de alrededor que por la cercanía a los modelos de diseño que históricamente han modelado los espacios de la ciudad compacta.

En resumen, creo que existen dos parámetros importantes sobre los que actuar: en primer lugar, definir de manera teórica la paleta de intervención (esa taxonomía en la que el reciclaje podría ser claramente uno de los conceptos articuladores) y, después, verificarla en diferentes tipos de territorio donde esos nuevos gestos de proyecto urbanístico deberían modelarse y adaptarse a unas realidades tan diferentes como cambiantes. Creo que, después de tantos debates, corrientes, discusiones y publicaciones sobre la sostenibilidad y el reciclaje, todavía no tenemos nada, o muy poco, a lo que asirnos en el sentido que he defendido antes.

Para cerrar, querría acabar con una reflexión de ámbito más académico, de investigación si quieres. Al menos en el ámbito de la arquitectura, tras la "infección" del discurso de la sostenibilidad en toda la Universidad, sobre todo en la norteamericana, se ha producido una explosión de un discurso favorable a la transdisciplinaridad. Yo soy bastante crítico, después de haber sido bastante entusiasta durante un tiempo, porque pienso que lo que finalmente debería ser transdisciplinar se convierte en realidad en un vaciado de disciplinas y de falta de especificidad. Los tres cursos que he impartido en la Harvard University tenían una vocación muy disciplinar; se trataba de unos cursos de y para arquitectos, pero encuentro que muchos de los temas tratados deben ser objeto de un discurso más complejo que no puede hacer referencia exclusiva a la arquitectura. Desde tu experiencia concreta, ¿cómo articularías el tema de la transdisciplinaridad de modo que no se produzca un vaciado de la especificidad de cada disciplina?

La multidisciplinaridad forma parte de la realidad actual, también en el caso de la investigación, el estudio y el proyecto de la ciudad. En ese sentido, la situación actual dista mucho de aquella que dio lugar al nacimiento del urbanismo y en la que dos tipos específicos de experto —arquitecto e ingeniero— protagonizaron aquel momento fundacional de la disciplina. Resumiendo mucho un proceso de naturaleza ciertamente compleja, podríamos comenzar diciendo que en el siglo XIX los estudiantes de ingeniería de las escuelas francesas debían cursar asignaturas de bellas artes, algo que cambió en el momento en que entre ambas disciplinas, arquitectura e ingeniería, se produjo el reparto de papeles en todo el proceso de urbanización que supuso el derribo de las murallas de las ciudades, y que no solo consistió en construir viviendas, sino también redes, alcantarillado, iluminación, puentes, viarios, etc. En esa especie de división del trabajo urbano, los arquitectos se encargarían de la decoración, del embellecimiento y del diseño de la ciudad y de la arquitectura, de la obra construida y de sus espacios; los ingenieros se ocuparían de la construcción y gestión de toda la obra pública. Pues bien, como bien mostró la exposición *L'Art de l'ingenieur*,[5] a partir de entonces las asignaturas de bellas artes desaparecieron de los planes de estudio de las escuelas de ingeniería. En otras palabras, los ingenieros ya no necesitaban ser artistas. Con todo ello quiero decir que hablamos de movimientos con una enorme inercia. Ahora estamos viviendo un momento apasionante, en el que se está gestando una nueva manera de trabajar que no sabemos cuánto tiempo necesitará para consolidarse ni qué tipo de inercia tendrá en el futuro.

Una cosa sí es cierta: hace ya más de una década que los arquitectos y los ingenieros se encuentran con la necesidad y el requerimiento de operar sobre territorios mucho más complejos que los anteriores vacíos que hay que llenar o los llenos que hay que vaciar, territorios que ya no son la ciudad por construir y ocupar con la urbanización

---

5   La exposición *L'Art de l'ingenieur* se celebró en el Centre Georges Pompidou de París del 25 de junio al 29 de septiembre de 1997. Véase el catálogo de la exposición: AA VV, *L'Art de l'ingenieur*, Le Moniteur, París, 1997.

ni el territorio por cubrir y conectar con las redes. Por ejemplo, cuando nos enfrentamos a la regeneración (me gustaría decir más reciclaje) de un territorio, como un borde fluvial o un antiguo vertedero, resulta obvio que, junto al arquitecto o el ingeniero, aparecen otros expertos con capacidades explícita y estratégicamente necesarias: un botánico, un geólogo, un ecólogo, etc. Creo, por tanto, que la multidisciplinaridad pertenece a la realidad que nos rodea y, sin duda, es la mejor plataforma para relacionarse con ella.

Sin embargo, y volviendo al núcleo de tu pregunta, sería un gran error pensar que se obtendrán mejores resultados por el simple hecho de tener gente diferente a tu lado. Estoy de acuerdo con que la multidisciplinaridad en sí no lleva a ninguna parte más que al vaciado disciplinar, a una desorientación de los estudiantes e, incluso peor, a una cosmética de una transdisciplinaridad no solo simple y superficial, sino claramente tóxica. En mi opinión, la solución al difícil ejercicio de traducir los principios de multidisciplinaridad en métodos de trabajo y gestión innovadores y mejor adaptados a los nuevos retos que plantean los territorios urbanos pasaría por responder a una doble pregunta: ¿cuántos expertos distintos son necesarios según el territorio y el problema al que hay que enfrentarse?, y ¿en qué momento del proceso de proyección son más o menos útiles tales expertos y sus conocimientos o prácticas? Seguramente un proyecto de paisaje en un territorio periurbano debería arrancar con un geólogo o un botánico. Sin embargo, más tarde llegará un momento en el que estos expertos ya no sean tan necesarios y el testigo deba pasar a otros especialistas. Es decir, deberíamos tener un manual de instrucciones para dilucidar en qué momento se necesita un experto u otro. De hecho, sería incluso necesario poder contar con otro tipo de experto que hoy ni siquiera existe: aquel capaz de coordinar y gestionar el *tempo* de la transdisciplinaridad y, a partir de criterios contrastados, conocer los momentos más proclives para la participación de una *expertise* u otra en el proceso de proyección. Esta sería una formación que debería introducirse en los planes de estudio. Mientras la transdisciplinaridad continúe siendo, digamos, *amateur*, el resultado final de todo proyecto multidisciplinar dependerá excesivamente de las virtudes y buena experiencia de los integrantes del equipo de especialistas, y esto no deja de parecerse demasiado a lo que ahora mismo tenemos cuando hablamos de buenos y malos arquitectos, de buenas y malas arquitecturas, de un buen y un mal urbanismo.

....

....

....

....

....

....

....

....

....

....

Víctor Manuel Zafra Gomis, 2010-2011.

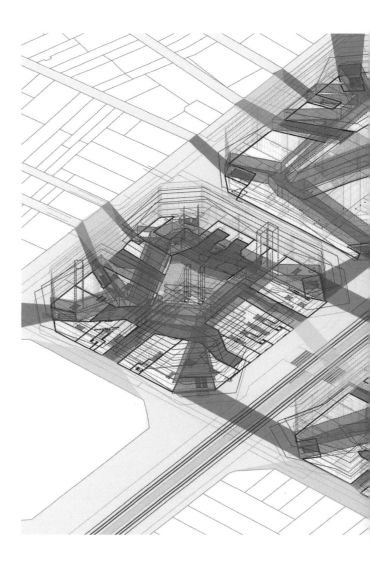

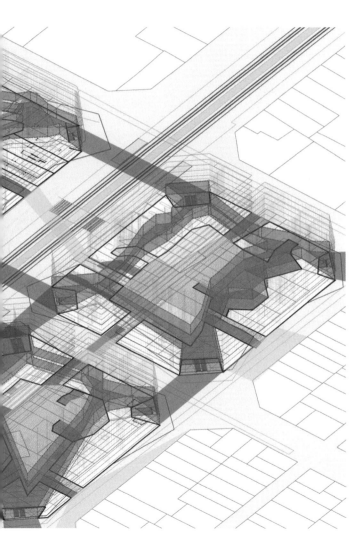

Conversación con
Enrique Walker

Enrique Walker es arquitecto. Ha impartido docencia en la School of Architecture, Planning and Preservation de la Universidad de Columbia desde 2003, donde también ha dirigido el programa de Master of Science program in Advanced Architectural Design desde 2008 hasta 2018. También ha dado clases en la Universidad de Princeton, el Instituto de Tecnología de Tokio, Barcelona Institute of Architecture, Pratt Institute y Universidad de Chile. Entre sus publicaciones se incluyen los libros *The Ordinary: Recordings* (Columbia Books on Architecture and the City, 2018), *The Dictionary of Received Ideas / Under Constraint* (ARQ, 2017), *Lo ordinario* (Gustavo Gili, 2010) y *Tschumi on Architecture: Conversaciones con Enrique Walker* (Monacelli, 2006).

[LLUÍS ORTEGA] Los tres años de investigación académica que desarrollé en la Graduate School of Design (GSD) de Harvard University partieron de una demanda muy concreta de parte del director del Departamento de Arquitectura, Preston Scott Cohen, y del decano, Mohsen Mostafavi. Me pidieron que organizase un curso de grado con capacidad de introducir el problema de la sostenibilidad en la formación básica del arquitecto. Intenté darle la vuelta al planteamiento y, en lugar de hablar de sostenibilidad, introduje el término *ecología* por dos razones: por un lado, para reducir la carga moral de la sostenibilidad y, por otro, que creo más importante, para ligarla más directamente a la disciplina arquitectónica, pues existe más historia y literatura asociadas a la idea de ecología y de los sistemas relacionados entre sí que no a la sostenibilidad. Esta estrategia intentaba traducir algo que creo que tú y yo compartimos, una vocación disciplinar, el entender la arquitectura como una disciplina con un corpus propio que hay que desarrollar y expandir. El primer tema que me gustaría tratar sería cómo enmarcarías tu trabajo en el contexto de la pregunta disciplinar, pero, sobre todo, la dificultad o la inquietud ante nuestra incapacidad de abrir campos externos a la autonomía de la profesión de una manera mucho más fresca y directa en los trabajos de investigación académicos.

[ENRIQUE WALKER] La arquitectura se redefine como disciplina a medida que cambia su mundo. Es decir, ciertas transformaciones o condiciones emergentes, ya sea de tipo cultural, social, o técnica, detonan preguntas que desplazan su centro y sus límites respecto a otras disciplinas. Algunos arquitectos han logrado convertir estas condiciones en oportunidades para expandir la disciplina. Para citar un ejemplo del que fuiste testigo, a mediados de la década de 1990, bajo el decanato de Bernard Tschumi, Columbia University especuló sobre el rol del ordenador en la proyectación, lo que tuvo un efecto importante en el modo en que se formula y se representa proyectos, y, a su vez, en cómo se entiende la propia disciplina. Imagino que la sostenibilidad pudo haber sido abordada en términos similares. Sin embargo, sus preguntas parecen haberse transformado demasiado rápidamente en respuestas: soluciones predeterminadas y recurrentes en el ámbito académico y en el ámbito profesional. Como sabes, desde hace años he venido desarrollando una serie de seminarios de historia y teoría y de talleres de proyecto que examinan ideas recibidas en la cultura arquitectónica contemporánea. Como parte de esta serie, hemos identificado muchas de dichas soluciones predeterminadas y recurrentes. De hecho, la sostenibilidad ha producido suficientes clichés como para que el debate disciplinar se haya vuelto inmune a las preguntas que inicialmente supuso. De ahí que Iñaki Ábalos, por ejemplo, haya reemplazado el término *sostenibilidad* por el de *belleza termodinámica*,[1] como modo de desviar la pregunta y de arraigarla en una

---

1   Véase el artículo de Iñaki Ábalos: "La belleza termodinámica", *2G. Revista Internacional de Arquitectura*, núm. 56 (Ábalos+Sentkiewicz), Barcelona, 2010, págs. 126-138.

trayectoria propia de la disciplina. Imagino que al utilizar
el término *ecología* persigues un objetivo similar.

Yo creo que la sostenibilidad está vaciando
la disciplina, porque justamente se está
planteando desde un término neopositivista,
calculista, o desde uno transdisciplinar que, al
final, constituye una falta de especificidad en
la disciplina. El problema reside en plantear
la sostenibilidad de una manera muy poco
arquitectónica. Comocualquier otro problema,
la sostenibilidad en sí puede ser muy productiva,
pero si se aborda, por ejemplo, desde un punto
de vista transdisciplinar, el arquitecto queda
muy mal parado, pues le cuesta mucho definir
su especificidad en el discurso. Puede ser un
estímulo en términos de eficiencia real, pero creo
que su escala está equivocada, pues sería más
adecuada su aplicación a una escala territorial
o de urbanismo. Sin embargo, en términos de
oportunidad de arquitectura, sí que me ha hecho
reflexionar acerca del problema de la autonomía
de la disciplina, pues cada vez se convierte más
en un motor de reflexión en clave de reacción
casi rossiana, de un discurso que pretende que
la arquitectura lidie con cualquier cosa por
el mero hecho de carecer de unas fronteras
fuertes. Todo ello no hace más que vaciarla de
especificidad. La reacción ante todo esto sería
encontrar en el problema de la sostenibilidad
aquella especificidad disciplinar propia de la

arquitectura, y esto se escapa inmediatamente de cualquier órbita o registro moral para desplazarse hacia un registro mucho más especulativo, más en clave proyectiva, o para constituirse en un incentivo de la radicalidad, pero no en clave resolutiva. Creo que las expectativas son muy erróneas en los circuitos académicos, pues se espera que la sostenibilidad reconstruya la arquitectura.

Cedric Price solía decir que un problema de arquitectura no tiene por solución necesariamente un edificio. Según Price, el arquitecto debe en primer lugar evaluar el rol de la arquitectura respecto al de otras disciplinas que pueden abordar el mismo problema. Es decir, evaluar si la respuesta se encuentra efectivamente en nuestra disciplina, o en otra disciplina. Se trata de una posición frente al proyecto, pero también de una crítica a los arquitectos, por lo general más preocupados de perpetuar respuestas que de plantear preguntas, y quienes suelen dar por descontado además que la arquitectura puede hacerse cargo de cualquier problema. Esta es una premisa adecuada para referirnos al problema de la autonomía, que también mencionas en tu pregunta, ya que tiene relación con la necesidad de entender los límites de la propia disciplina: lo que la arquitectura puede y no puede hacer, lo que forma parte de su ámbito. El término *autonomía* ha supuesto una serie de malentendidos en arquitectura. Por ejemplo, se suele confundir la operación de definir límites respecto a otras disciplinas con la operación de aislarse respecto a otras disciplinas, o a las preguntas que comparte con aquellas.

O la autonomía de la arquitectura como disciplina con la autonomía de la arquitectura como objeto. A mi juicio, la operación de autonomía de una disciplina supone, en primer lugar, redefinir su centro y sus márgenes respecto a otras disciplinas. Su objetivo al hacerlo es reiterar que esta sigue siendo relevante. Es decir, cuando una disciplina se redefine, en virtud de ciertas condiciones emergentes, como decíamos anteriormente, lo que hace no es escindirse, sino renovar su rol en el mundo. Volviendo a Price, y al problema de la sostenibilidad, la pregunta pendiente es hasta qué punto la arquitectura puede abordar algunos de los problemas que ha introducido la sostenibilidad y, a su vez, hasta qué punto dichos problemas, como condición emergente, pueden transformar la disciplina. En gran parte, hemos presenciado un sinnúmero de clichés que no parecen haber abordado el problema ni haber transformado la disciplina. De ahí que, a estas alturas, me parezca oportuna la estrategia de cambiar el término para obviar las soluciones y volver a plantear las preguntas.

> Podríamos pasar ahora a hablar de tu trabajo académico. Mi pregunta iría a saber si tus cursos pueden definirse como seminarios de historia, o comentarios sobre la disciplina, más que un curso proyectivo. ¿Crees que existen diferencias entre ambos formatos? Por otro lado, tu reflexión acerca de los clichés en tu "diccionario de ideas recibidas", o sobre cómo operan los arquitectos y su mirada, tiene que ver, de alguna manera, con cierta escala objetual. ¿Dónde dejas el mundo del urbanismo? Son dos preguntas distintas:

....

....

....

....

una tendría que ver más con el papel de la historia en la arquitectura y tu entendimiento del formato del curso —algo puramente metodológico, académico o pedagógica si quieres— y otra más con los contenidos disciplinares, hasta qué punto consideras que la escala urbana tiene implicaciones en la definición arquitectónica.

El diccionario de ideas recibidas es un proyecto que comencé hace varios años en Columbia University, y cuyo objetivo es identificar e intrumentalizar clichés en la cultura contemporánea de arquitectura. Su título se refiere al proyecto inconcluso de Gustave Flaubert.[2] Como formato académico, *El diccionario de ideas recibidas* es tanto una serie de seminarios de historia y teoría como una serie de talleres de proyecto. Ambos comparten el mismo problema —la identificación e instrumentalización de ideas recibidas— pero tienen diferente foco. El seminario pone énfasis en la identificación de ideas recibidas; el taller, en la intrumentalización de ideas recibidas. Dado que comparten el problema, sus formatos hasta cierto punto se desdibujan. Se trata de una estrategia que habitualmente utilizo para poner énfasis en lo que se podría llamar *teoría del proyecto*. Seguramente sabes que antes de la serie de ideas recibidas impartí una serie de talleres sobre constricciones autoimpuestas. Se trataba de utilizar problemas voluntarios —es decir, arbitrarios— para instigar posibilidades de proyecto. El antecedente era el trabajo de Raymond Roussel, Raymond Queneau, Georges Perec y el grupo Oulipo. Al tratarse de problemas arbitrarios —como hiciera Roussel al escribir *Locus Solus* en base a pares de oraciones homónimas— estos

2   El autor se refiere al *Dictionnaire des idees reçues de Gustave Flaubert*, libro que en castellano se ha traducido como *Diccionario de lugares comunes*, *Diccionario de prejuicios* o *Diccionario de tópicos*, según las diferentes versiones.

habían de desaparecer una vez que apareciera el proyecto.
Es decir, no explicaban el proyecto ni perduraban como su
contenido. El punto central de dichos talleres era disociar
las herramientas de proyecto de las herramientas de juicio,
por lo general apareadas en las metodologías de proyecto
prevalentes en ese entonces. Esto suponía a su vez introducir la historia como herramienta de juicio. Si tomamos,
por ejemplo, la Casa da Musica de OMA, su relevancia
como proyecto, a mi parecer, reside en la redefición de un
tipo, y se entiende a la luz de una genealogía de salas de
concierto. Es irrelevante remitir dicho proyecto a la operación de *desviar* en escala la maqueta que anteriormente
representaba una vivienda. Del mismo modo, en dichos
talleres de constricciones autoimpuestas se proyectaba
en base a problemas arbitrarios y se evaluaba en base a la
genealogía en la que el proyecto se inscribía. Sin embargo,
dichos talleres se centraban en elaborar herramientas de
proyectación y no herramientas de juicio. Lo que suponía
una serie de dificultades. Por el contrario, *El diccionario
de ideas recibidas* comienza hasta cierto punto por las
herramientas de juicio. La serie de seminarios y talleres
tiene por objetivo identificar estrategias de proyecto que al
volverse recurrentes han perdido su potencial. O, más bien,
soluciones que han sobrevivido a los problemas que inicialmente abordaban. Los talleres identifican ideas recibidas
mediante genealogías (para explicar su recurrencia y sus
variaciones) y mediante manuales (para explicar su uso).
Y luego proponen proyectar desde y contra ellas. Una vez
que una idea recibida ha sido reducida a un manual de uso,
esta puede tratarse como una suerte de *objeto encontrado*.
Al igual que ciertas operaciones surrealistas o situacio-

nistas, se asume que, por ejemplo, el encuentro azaroso de dos ideas recibidas o el *desvío* de un manual de uso, puede transformar dichas ideas recibidas en operaciones alternativas. Y, a su vez, detonar proyectos que supongan, en el mejor de los casos, una cierta invención, o, al menos, una cierta toma de consciencia. Es decir, la idea recibida supone tanto la historia a partir de la cual se somete a juicio un proyecto, como la operación —arbitraria— desde la que se lo formula. En retrospectiva, diría que la serie de talleres de ideas recibidas se ha convertido en una nueva versión de la de constricciones autoimpuestas. Los alumnos usan una idea recibida como si se tratara de una constricción autoimpuesta: deben forzosamente proyectar en base a un manual de uso, y, al seguir sus instrucciones, potencialmente desviarlo, y utilizarlo a su favor. El papel de la historia es proporcionar el marco para evaluar un hallazgo.

> Entonces se trata de una transformación de objetos en operaciones, o al menos tiene parte de eso. Por consiguiente, la pregunta acerca de la escala pasa a ser aún más relevante, pues, ¿qué sucede, por ejemplo, si no hay objetos, sino solo estrategias?

Nunca hay estrategias sin objetos. Los talleres de ideas recibidas examinan estrategias de proyecto que se han vuelto recurrentes, y que al hacerlo, han perdido su potencial. Y luego las reutilizan, y las *desvían,* para formular estrategias alternativas. De ahí que sea fundamental que haya objetos. Los talleres producen objetos precisamente para poner en juego ideas recibidas y mediante ellas detonar accidentes o hallazgos. En realidad, los proyectos se realizan de inmediato, eludiendo la estructura de etapas que supone el taller metodológico de concepto, de diagrama, de investigación, o de cualquier otro antecedente analítico. Y una vez que se ha proyectado, se vuelve a proyectar de forma deliberada desde los hallazgos derivados del proceso. Como herramienta, al igual que una constricción autoimpuesta, una idea recibida es inocua. De ahí que los alumnos deban formular los objetivos en torno a los cuales movilizar las ideas recibidas. Es decir, cada proyecto supone un argumento. Pero dichos argumentos se detonan al proyectar y al evaluar lo proyectado. Por mi parte, también sugiero objetivos. Uno de ellos es que cada proyecto del taller especule sobre la organización de su programa y potencialmente redefina su tipo arquitectónico. Y uno de los ingredientes para hacerlo es precisamente la condición urbana del proyecto. Esto tiene relación con tu pregunta anterior respecto al rol de la ciudad en el taller. La ciudad es un problema central. Todos los proyectos del taller se formulan para Nueva York, e intensifican el componente urbano del programa para el que proyectan. Es decir, intentan reformular y potencialmente redefinir un tipo mediante un concepto de ciudad. Sin embargo, se trata de un componente adicional que no se declara en la propuesta del taller para reducir el número de variables y no confundir el encargo. Podría decirse que forma parte de mi agenda como arquitecto, pero no como profesor.

> Aprovechando este comentario, abrimos el tercer y último tema. La investigación que has desarrollado estos últimos años, principalmente

en Columbia University, tiene una tradición
muy fuerte que tiene como punto de partida el
momento en que, en sus años de decano de la
escuela, Bernard Tschumi introdujo el tema de
la discusión tecnológica en la investigación o en
las especulaciones sobre la ciudad, un ámbito
donde curiosamente existían voces importantes
muy críticas con muchas de esas aproximaciones,
como el caso de Kenneth Frampton. Tú has
estado en un punto de observación privilegiado
respecto a muchas de las cosas que han sucedido
en los últimos años. ¿Ves algún potencial más
conceptual en la introducción de la tecnología que
vaya más allá del puramente instrumental? En los
tres cursos que he desarrollado en el GSD hemos
flirteado con la posibilidad de especular con un
nuevo instrumental, no para conseguir un nuevo
producto, sino para producir un nuevo lenguaje,
una nueva teórica arquitectónica: la cibernética
como metalenguaje, no como potencial
instrumental. Con ello se cuestiona el ordenador
como máquina, pues lo que interesa es la lógica
computacional, algo que no deja de ser un modo
de establecer protocolos, con lo que ya quizás se
podría establecer un vínculo con tus cursos, pues
en estos se establecen unas restricciones de una
manera muy explícita y sistemática. En tu labor
de crítico, ¿qué piensas respecto a este tipo de
especulaciones? ¿Qué lectura haces de este tipo
de especulaciones, en el presente y en el futuro?
Ya hemos hablado de la sostenibilidad como

uno de los grandes pilares —aunque hay otros, como el social o el político—, pero lo tecnológico está bombardeado también todos los frentes académicos.

Comencé a dictar talleres de proyecto y seminarios de teoría de la arquitectura en Columbia University en el semestre de primavera de 2003, el último del decanato de quince años de Bernard Tschumi. En ese entonces, la experiencia de los denominados *paperless studios* de la década anterior aún prevalecía en la escuela. Como comentábamos, Tschumi había instigado un espacio de especulación sobre el efecto del ordenador en la arquitectura, precisamente como una de aquellas condiciones emergentes o circunstancias contemporáneas que habría de expandir la disciplina. Y así fue, en particular respecto a prácticas de proyectación y de representación. Sin embargo, a mi llegada a Columbia, muchas de las preguntas que dicho debate había planteado ya se habían convertido en respuestas, y, a su vez, en una serie de prácticas pedagógicas y un formato de taller recurrentes. Más aún, y tal vez debido a su propio éxito, el espacio de especulación de los *paperless studios* se había convertido en una suerte de categoría propia —la denominada arquitectura digital— referida a sí misma y, hasta cierto punto, desvinculada de las preguntas disciplinares que en un inicio la impulsaron. Esta es una conversación que nosotros sostuvimos algunos años atrás. Seguramente recuerdas el debate sobre el diagrama. En un inicio, dicho debate giró en torno a preguntas sobre teoría del proyecto, así como sobre estrategias de organización, y supuso un cuerpo de trabajo de enorme interés y potencial. Si nos remitimos al argumento de Gilles Deleuze sobre el trabajo de Francis Bacon, tan citado en aquel entonces, el diagrama tenía por objetivo socavar preconcepciones. Aquellas marcas aleatorias dispuestas de manera preliminar sobre la tela a las que se refiere Deleuze servían a Bacon de herramienta para desestabilizar su propio oficio y desplazar *clichés*. Es decir, instigar accidentes. Paradójicamente, el diagrama se convirtió en la piedra angular de una metodología académica de proyecto. En lugar de suponer un obstáculo —y, potencialmente, una apertura— el diagrama pasó a estructurar un proceso lineal y cerrado de proyectación: un punto de partida aceptado, una serie de pasos prescritos y un resultado validado por el proceso. Lo que llevó a su vez a prescindir del juicio y de la toma de decisiones. Mis talleres de constricciones sostuvieron una conversación implícita con dicho debate. Y, posteriormente, mis primeros talleres de ideas recibidas comenzaron por examinar la cultura de proyecto derivada del debate digital, y sus lugares comunes, desde dichas metodologías de proyecto hasta el fetiche de la representación hiperrealista.

Sí, pero creo que se produce una reacción en contra, porque el *render* se ha absorbido como el aspecto más profesionalista y comercial de la profesión. Sin embargo, creo que el *render* es la parte menos interesante y que el empuje no va a pasar tanto por ahí, sino por la gestión de la información, por la gestión de grandes paquetes de complejidad, y también por un tema simplemente de generación de formas compleja, algo imposible de generar a mano. Esos dos frentes están

bombardeando la línea de flotación del mundo
académico, porque, en muchos aspectos, el *render*
queda en un plano de mero ejercicio de *marketing*.

Aunque la gestión de información ha sido a su vez reducida
a la doctrina de la optimización. Se trata de un resabio de
las mismas metodologías duras de proyecto basadas en el
deseo de someter el proyecto a certezas y, además, de un
procedimiento hasta cierto punto marginal a la arquitectura. La optimización es posible cuando uno se enfrenta con
una variable. En arquitectura, las variables son múltiples y,
por lo general, incompatibles. Proyectar es por definición
negociar. Por otra parte —y este es a mi parecer el problema
central— aproximarse al proyecto desde la optimización
insiste, una vez más, en desdibujar la toma de decisiones
y, a su vez, la toma de posición.

El problema de lo paramétrico tiene mucho que ver
con lo que discutíamos antes de la sostenibilidad:
creer que en la arquitectura las certezas son
fundamentales, en lugar de entender que lo
paramétrico puede ser un magnífico instrumento
para construir accidentes. A mí me preocupan
menos los discursos moralistas respecto a lo
paramétrico, que creo que son consustanciales
a cualquier movimiento en arquitectura, que el
hecho de que el potencial, la investigación y los
recursos académicos vengan distorsionados por
esa ambición al servicio de la certeza en lugar de al
servicio de la especulación.

Exacto. Volviendo a Price, en arquitectura existe la tendencia a operar desde las respuestas en lugar de operar desde las preguntas, y a perpetuar soluciones en lugar de formular problemas. De ahí que las metodologías de proyecto hayan prosperado a partir de erigir *oráculos* (los parámetros, el diagrama, el sitio, el ladrillo), procedimientos de proyecto que reprimen las decisiones y el juicio y, por consiguiente, la especulación. Esta es una de las ideas recibidas por excelencia de la cultura de proyecto en el ámbito académico.

Sí, pero a mí me preocupa menos eso que la parte académica, pues esta última tiene otro tipo de obligación o función dentro de la disciplina. Un último tema. En una entrevista que mantuve con Iñaki Ábalos salió un tema que creo que es muy interesante y que me pone nervioso porque hace que me sienta desplazado. Parece que todo el mundo está de acuerdo en que durante la década de 1990 se produjo una fascinación por el tema de la complejidad que se tradujo en un traspase literal hacia la complejidad o complicación formal. Creo que cuando hablamos de la autonomía, la tendencia sería hacia la simplicidad para abordar problemas complejos. Tengo dudas de si es posible abordar los problemas complejos de una manera simple, pero creo que ha habido, y sigue habiendo, un exceso de fascinación por la complejidad que empieza a estar en crisis. Al menos en el ámbito profesional, quien está teniendo más rédito y más capacidad de diálogo y de negociación con las fuerzas externas a la disciplina, son personajes que abordan sus proyectos de un modo aparentemente simple, aunque estén pensados de manera compleja. ¿Cuál es tu intuición al respecto?

Tu pregunta me permite insistir sobre mi punto anterior a propósito de la optimización. Por definición, un problema de arquitectura es complejo y supone una solución —es decir, una arquitectura— con contradicciones internas. En esto me ciño a lo que a mi parecer es el argumento más importante del libro de Robert Venturi *Complejidad y contradicción en la arquitectura*.[3] El conjunto difícil de Venturi es en primer lugar una definición de la actividad de proyectar por encima de una sensibilidad, o de una llamada a proyectar en base a la ambigüedad. Un proyecto de arquitectura inevitablemente ha de negociar variables en conflicto, a veces incompatibles. El elemento que organiza la casa Vanna Venturi, en Chestnut Hill —el encuentro de una escalera y una chimenea, que se desdibujan y a su vez negocian una ventana y la entrada a la casa— ilustra su argumento. Simple o complejo, el resultado siempre contiene los efectos de dicho conflicto, y de una negociación. Una vez más, proyectar es tomar decisiones. De ahí que proyectar suponga también, inevitablemente, tomar posición.

3   Venturi, Robert, *Complexity and Contradiction in Architecture*, Museum of Modern Art, Nueva York, 1966 (versión castellana: *Complejidad y contradicción en la arquitectura*, Editorial Gustavo Gili, Barcelona, 1978).

Diego Román Agemian, 2010-2011.

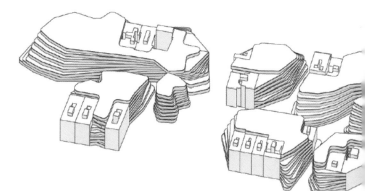

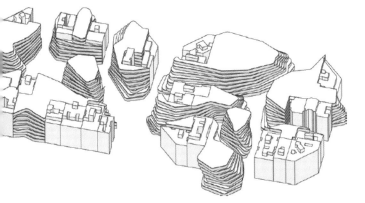

Proyectos Arquitectónicos **Universidad de Alicante**

Colección **Denise Scott Brown**

a :
Arquitectura in-dependiente
José María Torres Nadal

b :
Algunos objetos de deseo
José Pérez de Lama
Remedios Zafra
Iván López Munuera
Ernesto Castro

c :
Nuevas ecologías
Lluís Ortega
Juan Carlos Castro-Domínguez